Kompaß-Bücherei · Band 356

NEUES LEBEN

W0297688

Anna Bendová hat wieder mal Ärger mit ihrem Sprößling Vašek. Sie ist zwar schon an Kummer gewöhnt und weiß, daß er alle naselang irgendwelchen Unsinn verzapft, aber seine neueste Schnapsidee übertrifft alle kühnen Erwartungen. Söhnchen Vašek ist auf Vatersuche, und er macht da weder vor dem Schulhausmeister noch vor dem Sportlehrer halt. Denn die Hauptsache ist, daß der neue Vater etwas für Hunde, Kinder und Eishockey übrig hat.

Marie Poledňáková

Wie man dem Walfisch einen Backenzahn zieht

Verlag Neues Leben
Berlin

Titel des tschechischen Originals:
„Jak vytrhnout velrybě stoličku"
Ins Deutsche übertragen von Barbara Zulkarnain

Illustrationen von Meinhard Bärmich

ISBN 3-355-00313-1

© Marie Poledňáková 1984
Für die deutsche Übersetzung und die Illustrationen
© Verlag Neues Leben, Berlin 1987
Lizenz Nr. 303 (305/167/87)
LSV 7711
Umschlag: Meinhard Bärmich
Typografie: Ingrid Engmann
Schrift: 9p Timeless
Gesamtherstellung: GG Völkerfreundschaft Dresden
Bestell-Nr. 6441805
00180

1

Was können wir mit Sicherheit von einem achtjährigen Kind behaupten? Daß es ein Junge ist. Daß es Abenteuergeschichten, seinen Eishockeyschläger und Hunde liebt. Wenn es uns ähnelt, ist es phantastisch, und wir würden es um nichts auf der Welt hergeben. An den meisten Tagen in der Woche ist es uns allerdings nicht ähnlich, und wir fragen uns verzweifelt, nach wem dieses Kind eigentlich geraten ist. Am Sonnabend hat es das Badezimmer in ein Schlachtfeld verwandelt, am Montag, statt die Matheaufgaben zu machen, die Wand mit Tinte bespritzt, am Tag darauf die hellblaue Strickjacke verloren, und am Freitag war es bockig, um uns den letzten Nerv zu rauben.

Was denkt ein achtjähriger Junge über uns? Daß wir vollkommen sind.

Vašek war schon achteinhalb, und er wußte bereits eine Menge von der Welt. Daß man in der Stadt kein richtiges Abenteuer erleben kann, daß es sinnlos ist, sich gegen die Schulpflicht aufzulehnen, obwohl es jedem vernünftigen Menschen einleuchten müßte, wie unvernünftig es ist, die Schulbank zu drücken, wenn draußen frischer Schnee liegt! Und daß sich in seiner Klasse viel geändert hat, seit sie am letzten Mittwoch vergangenen Monats eine neue Lehrerin bekamen, die rothaarige Jedličková. Die alte Frau Valešová, die dreiunddreißig Jahre an der Schule unterrichtet hatte, war an einer schweren Bronchitis erkrankt, und es sah so aus, als würde sie nicht mehr an die Schule zurückkommen. Sie war sowieso schon seit einem Jahr Rentnerin. Die Jedličková war jung und hübsch, aber Vašeks Mama war noch hübscher und im Unterschied zur Jedličková ganz und gar vollkom-

men. Bloß eigensinnig war sie leider.
Gestern abend erst war Vašek zu der Erkenntnis gelangt, daß so eine Mama noch eine andere Beschäftigung verdient hatte, als arbeiten zu gehen und abends die Eintragungen im Schülertagebuch zu unterschreiben, die dort seit dem vergangenen Monat wie Pilze nach dem Regen sprossen. Und da ahnte sie noch nicht, daß er heute morgen ihre karierte rosa Bluse, die über dem Stuhl hing, mit Kakao bekleckern würde. Doch Vašek resignierte nicht. Er war fest entschlossen, seiner Mama eine Freude zu bereiten. Aber wie? Aber wie, aberwieaberwieaberwie hämmerte es in seinem Kopf, und er krakelte mit einem blauen Stift über die Zeichnung.

„Und was ist das?“ fragte die Jedličková und hob Vašeks Zeichnung hoch, um sie der ganzen Klasse zu zeigen. Hinter ihr stand auf der grünen Tafel in Schönschrift das Thema der heutigen Zeichenstunde geschrieben:

Mein Lieblingshaustier.

„Das ist ein Walfisch.“
„Und warum hat der Walfisch einen Verband um den Kopf?“
Vašek zögerte. Er war drauf und dran, den Walfisch als ein Tier zu schildern, das man in der Wanne halten kann, aber dann ließ er sich lieber nicht weiter darüber aus.
„Weil er Zahnschmerzen hat.“
Die ganz Klasse lachte, und die Lehrerin wurde rot, stellte jedoch keine weiteren Fragen. Auch das Gelächter der Schüler verebbte, denn der Hausmeister betrat die Klasse. Er war jung und stark, hatte breite Schultern, und alle wußten, *wer das war.* Seine Wohnung befand sich im Erdgeschoß, hatte Fenster auf den Hof und die Tür zur Straße. Er besaß einen abgerichteten Hund, den er als Welpe unter einem Strauch im Park gefunden hatte. Seit besagtem Mittwoch vergangenen Monats kam er täglich fragen, ob es in der Klasse warm genug sei; vorher hatte er die Klasse nie betreten.
Heute lud der Hausmeister die ganze Klasse mitsamt Frau Jedličková zum Eishockey ein. Die Jedličková errötete leicht

und hob einen Arm, um eine Strähne ihrer roten Haare zurückzustreichen. Sie trug einen dünnen weißen Pullover. Dann ging sie mit dem Hausmeister auf den Flur.
„Warum ist das Pferd so lang?“ fragte Vašek und zeigte auf die Zeichnung Standas, der sein Banknachbar war.
„Weil das ein Pferd für Langstreckenrennen ist“, erklärte Standa, doch dann mußten sie ihre Konversation unterbrechen, weil die Jedličková in die Klasse zurückkam.
„Benda, Martinec!“ rief sie und zeigte auf Vašek und seinen Nachbarn. „Sammelt die Zeichnungen ein!“
Diesen Auftrag erledigten sie mit Feuereifer, denn damit war nicht nur die Stunde, sondern auch der heutige Unterricht beendet.
Ein paar Minuten später klingelte es.
Sie stürmten um die Wette aus der Schule. Standa schlug den Weg quer durch den Park ein, und Vašek folgte ihm, obwohl seine Mutter ihm verboten hatte, diese Abkürzung zu benutzen, und ihm mindestens einmal wöchentlich das Versprechen abluchste, die Straße nicht bei der Tankstelle zu überqueren, wo alle Augenblicke Unfälle passierten.
Aber heute war die Situation ganz anders. Obwohl sich der Schnee auf der Straße schon in grauen Matsch verwandelt hatte, würde auf dem Hang hinter der Ziegelei eine Rutschbahn sein, und Vašek wollte endlich die neuen Skier ausprobieren, die er zu Weihnachten bekommen hatte. Aus diesem Grund war er gleich nach der Vorsuppe von der Schulspeisung geflüchtet und hatte auf die Makkaroni mit Tomatensoße verzichtet.
Standa hielt mit einem Ruck am Straßenrand an, Vašek schlitterte zwei Schritt vorm Fußweg in eine Pfütze. Auf der anderen Seite hielt mit quietschenden Bremsen ein Kübelwagen und spritzte eine Schlammflut hoch.
Der Fahrer kurbelte das Fenster herunter, lehnte sich aus der Kabine und rief:
„Na, Jungs? Wollt ihr mitfahren?“
Standa zögerte keine Sekunde, und Vašek lief ihm über die Straße nach. Er dachte an seine Mutter, die ihm streng verboten hatte, sich mit fremden Leuten in ein Gespräch einzulassen. Er erwischte Standa am Ärmel, als der gerade auf den Tritt an der Tür stieg, auf der geschrieben stand LAKTOS –

VEB Prager Molkereibetriebe.
„Kennst du den?“
„Klar. Ist doch mein Vater.“
Das verschlug Vašek den Atem. „Was für ein Vater?“
„Na, mein Ersatzvater, Nummer zwo.“

Er saß am Lenkrad, hatte starke Hände, ein breites Lächeln, und sein Gesicht war unrasiert. Er pfiff, und während der Fahrt zwinkerte er den Jungen ein paarmal verschmitzt zu. Als er bei Rot an der Kreuzung hielt, griff er in die Tasche seiner Lederjacke und gab jedem eine grüne Packung Pfefferminzkaugummi.
„Das gibt's nicht“, stieß Vašek hervor. „Meine Mama hat gesagt, jeder vernünftige Mann ist schon verheiratet.“
„Man muß eben suchen, und wer sucht, der findet“, sagte der Ersatzvater lachend und gab Gas.
„Wie meine Mama“ erklärte Standa.
„Ich hab bloß eine Krawatte umgebunden“, erzählte der Fahrer, „und mich als Minister vorgestellt. Wir haben Schnitzel gegessen, Pilsner getrunken“, er schlug Standa mit seiner großen Hand auf den Rücken, „und schon waren wir die besten Freunde.“
Standa nickte strahlend und fügte ernsthaft hinzu: „Wenn ich groß bin, werd ich auch Milchfahrer.“
Vašek hatte es nahezu die Sprache verschlagen, aber angeben mußte er trotzdem: „Ich werd auch wie mein Vater, Bergsteiger.“

Zu Hause kroch Vašek unters Sofa und zog einen alten, abgeschabten Koffer hervor, der mit einem Strick zugebunden war. Doch heute interessierten ihn weder die Blinker noch die leeren Patronenhülsen oder der Beutel mit den Abzeichen. Auch die Zündblättchen und das Katapult ließ er links liegen. Er förderte ein altes Bild zutage, das aus einer Zeitschrift ausgeschnitten und von ungeschickter Hand auf ein Stück Pappe geklebt war. Die Gesichter der Bergsteiger auf dem Gruppenfoto konnte man kaum noch erkennen. Vašek betrachtete lange und forschend den Mann, der einen Kopf größer war als die anderen, und er dachte über jedes Wort nach, das der neue Vater seines Freundes gesagt hatte. Vašek mußte unbedingt etwas unternehmen.

Am Donnerstag erwartete Anna eine Überraschung.
Das ahnte sie freilich noch nicht, als sie Äpfel und Buchtelmehl, geriebene Semmel, Mohrrüben und Kartoffeln, außerdem Packpapier für Vašek und Reißzwecken und Mottenkugeln für Karla Valentová kaufte.
Taschenbepackt stieß sie die Haustür auf. Im ersten Stock

wartete Karla an der Wohnungstür auf sie. Frau Valentová war eine grauhaarige alte Dame mit kleinen, leuchtenden Augen. Durch ihre Krankheit war sie allerdings ein bißchen schrullig geworden. Vor zwei Jahren wurde ihr ein künstliches Hüftgelenk eingesetzt, und ehe sie sich mit Krücken auf der Straße zeigte, ging sie lieber gar nicht mehr hinaus. Sie saß auf ihrem kleinen Balkon, trank Gesundheitstee und machte ordnungsgemäß dreimal am Tag Gymnastik. Abends paßte sie auf Vašek auf.
„Heute schaff ich es, zum Abendessen was zu kochen", sagte Anna, als sie im Eiltempo den bestellten Einkauf für Frau Valentová auf den Küchentisch legte. An der Tür fiel ihr noch ein: „Und keine Schokolade vor dem Schlafengehen!"
Karla nickte. „Und das Kostüm?" rief sie Anna nach, die schon auf dem Treppenabsatz war.
„In die Reinigung gehe ich morgen", rief Anna hinunter und

schloß die Wohnung auf.
Im Korridor stellte sie die Taschen ab, zog die Stiefel aus, ging noch im Mantel in die Küche und schlug die Hände überm Kopf zusammen. „Na so was? Hier hat jemand Geschirr abgewaschen!“
Vašek hockte hinter der Tür seines kleinen Zimmers und sah seine Mutter durch die Milchglasscheibe. Ihre hellen Haare hatte sie glatt nach hinten gekämmt und mit einem schwarzen Samtband zusammengebunden. Er hörte ihre sanfte Stimme.
„Wo ist denn mein lieber Junge?“
Ein Blick genügte, um festzustellen, daß weder in der Küche noch im Wohnzimmer jemand war. Sie öffnete die Tür zum Kinderzimmer in der Gewißheit, Vašek würde hinter der Tür hocken und sie erschrecken, aber es war nicht Vašek, der sie erschreckte.
„Du lieber Himmel, was ist denn das?“ Sie deutete auf ein großes schwarzes zottiges Bündel, das so häßlich war, als ob es jemand aus dem Müll gefischt hätte.
„Das ist ein Hund.“
„Was hast du mir versprochen? Daß du fremde Hunde in Ruhe läßt!“
Vašek merkte an der Stimme, daß die Mutter betrübt war, und wollte sie sofort trösten.
„Das ist kein fremder Hund. Das ist Arnošt. Er kann das Staubtuch ausschütteln“, sagte er und schwenkte einen Lappen vor der Schnauze des zottigen Köters. Der Hund schnappte danach, schüttelte den Kopf, und beide – Vašek und Arnošt – sahen Anna beifallheischend an.
„Wenn er dir gefällt, könnten wir ihn behalten.“
Anna seufzte. „Und wer soll sich um ihn kümmern? Willst du ihn abends mit zu Frau Valentová nehmen? Oder Karla geht mit ihm raus?“
Diese Sprüche kannte Vašek auswendig.
„Wenn wir einen Vater hätten, müßte weder ich noch der Hund zu Frau Valentová.“
Anna setzte sich aufs Sofa und zog Vašek an sich. „Mußt du mir das Leben schon wieder schwermachen?“ fragte sie leise.
Vašek spürte, wie traurig seine Mutter war. Aber er war auch

traurig, und deshalb zog er ein finsteres Gesicht und schwieg. Anna hielt ihn zwischen ihren Knien fest und wartete auf eine Antwort. Da sie vergeblich wartete, hob sie sein Kinn an und sah ihm in die Augen.

„Hast du mir nicht versprochen, nie mehr davon zu reden?"

„Wenn ich doch einen Freund haben möchte."

Anna stand auf und öffnete auf dem Weg zur Küche den Reißverschluß ihres karierten Rockes. „Du bekommst einen Hund. Einen hübscheren. Aber erst wenn du größer bist."

Vašek folgte langsam seiner Mutter, in seinen Armen schleppte er das zottige schwarze Bündel.

„Er ist nett. Hat Kinder gern. Spielt in der zweiten Liga."

„Wer? Der Hund?"

„Nein, sein Herrchen. Der ist ein Klassetorwart."

Anna breitete auf dem Tisch eine Zeitung aus und begann Kartoffeln zu schälen.

„Was redest du für einen Unsinn? Wer ist Torwart?"

Vašek lächelte seine Mutter strahlend an.

„Na unser Hausmeister. Er wird dir bestimmt gefallen."

Forschend sah Anna ihren Sohn an, der auf der Couch ihr gegenüber kniete, über dem karierten Hemd Hosenträger, in den Augen ein Lächeln und in den Armen einen Hund.

Vašek wiederum sah seine Mutter an, und als er bemerkte, daß sie ihre Hände sinken ließ, frohlockte er, daß er heute nicht vergebens auf das Eishockey verzichtet hatte.

Dann fragte Anna langsam: „Warum sollte er mir gefallen?"

Vašek erinnerte sich gut, was seine Mutter ihm am Ende der Sommerferien gesagt hatte, und jetzt war er sicher, daß sie außerordentlich überrascht sein würde. Er hatte einen Trumpf in der Hand. „Weil er nicht verheiratet ist!"

Anna war überrascht, aber nicht so, wie es sich Vašek vorgestellt hatte. „Hör zu", sagte sie mit Nachdruck, „du gibst diesen Hund sofort zurück. Und vom Heiraten will ich kein Wort mehr hören."

2

Was können wir mit Sicherheit von uns behaupten, wenn wir achtundzwanzig sind? Daß die Angaben im Personalausweis stimmen: Wann und wo wir geboren sind, wieviel Kinder wir haben und wie alt die sind. Wir haben eine feste Arbeitsstelle. Meist haben wir das sichere Gefühl erworben, über uns selbst und über das Leben Bescheid zu wissen. Anna zweifelte noch immer daran. Oft fühlte sie sich unsicher und litt unter mangelndem Selbstbewußtsein. Obwohl ihr Name seit neun Jahren auf den Theaterplakaten prangte und sie ihre Arbeitsstelle in dieser Zeit nicht gewechselt hatte, überkam sie jedesmal das Gefühl, zum erstenmal das Theater zu betreten. Anderthalb Stunden vor Beginn jeder Vorstellung war sie schon auf der halbdunklen Bühne und trainierte in den grob gestrickten Gamaschen, die sie über das schwarze Trikot gezogen hatte. Ein paarmal hatten die Kollegen sie gefragt, warum sie nicht im Ballettsaal übte. Sie wollte vor der Vorstellung lieber auf der Bühne sein. Was war daran so seltsam?

Die Bühnenarbeiter, die noch über die Spiegel, die den Saal der Capuletti bildeten, Tüllvorhänge zogen, störten sie nicht. Sie nahm auch den Flötisten nicht wahr, der heute für einen erkrankten Kollegen einsprang und schwierige Passagen aus Prokofjews „Romeo und Julia“ repetierte. Die Rolle der Julia mußte Anna nicht noch mal rekapitulieren. Nach den fünf Jahren, die dieses Ballett im Repertoire war, wußte sie, sie brauchte nur die ersten Töne zu hören und alles würde von selbst kommen. Der Gedankenstrom drehte sich um die alltäglichen Sorgen; morgen mußte sie die Reparatur des Boilers bestellen, das war nicht mehr zum Aushalten mit dem kalten Wasser in der Küche, am Freitag hatte Mutter Geburtstag, da brauchte sie noch ein Geschenk. Und sie mußte Blumen für Vaters Grab kaufen. Am Sonntag jährte sich sein Todestag zum sechstenmal.

Plötzlich sah sie die alte ländliche Veranda vor sich, wo sich der Geruch von Kitt und billigem Tabak mit dem bitteren Duft mischte, den der verblühte Flox im Hof verströmte. Durch die verglaste Veranda konnte man hinaus sehen: In

der Mitte standen hölzerne Tröge voller roter Falläpfel, in der Ecke war ein Schuppen und daneben ein halbzerfallener Kaninchenstall und zwei Johannisbeersträucher. Die Glocke über der Eingangstür verstummte erst abends, wenn Großvater den Laden zumachte. Wenn es dunkel wurde, schaltete er auf der Veranda die alte Lampe an und schloß das Fenster, damit keine Falter hereinflogen. Im langen kalten Flur standen säuberlich ausgerichtete große Glasscheiben und in der Küche eine beschlagene Glasschüssel voller Apfelkompott mit Preiselbeeren und einem Berg Schlagsahne. Der Duft unserer Kindheit hat oft viel Gemeinsames mit dem, was wir uns schon lange nicht mehr gönnen dürfen.
„Anička“, die Stimme der Garderobiere riß sie aus ihren Erinnerungen, „höchste Zeit für Sie.“
Während Boženka sie in der Garderobe in das Korsett für den Ball der Capuletti einschnürte, grübelte Anna, woran sich wohl Vašek einmal erinnern würde. Einen Großvater hatte er nicht, denn ihr Vater war vor sechs Jahren gestorben, und den anderen Großvater hatte Vašek nie kennengelernt.
Sie betrachtete sich im Spiegel. Das weiße, mit Samtstreifen besetzte Satinkleid hatte an den Ärmeln plissierte, perlenbestickte Volants. Die üppigen, mit Perlen gesäumten Rüschen reichten bis auf die Erde. In diesem Kostüm durfte sie sich nie setzen, der Kostümbildner hatte dafür stürmischen Applaus geerntet, und heute, da sie vergessen hatte, ein Haarnetz umzubinden, würde sie auch bei der Maske stehen müssen.

Durch den Seiteneingang betrat lautlos ein Mann mit einem Mantel über dem Arm das Parkett, lehnte sich an die Logenbrüstung und blickte konzentriert und ohne eine Spur Erregung zur Bühne. Er war jung, und auch in dem Cordsakko, unter dem er einen dünnen Pullover trug, konnte man erkennen, daß er breitschultrig war. Als die letzten Töne verklangen und der Vorhang fiel, ertönte stürmischer Applaus. Der Mann wartete nicht einmal auf die erste Verbeugung und ging hinaus.
Noch atemlos und vom begeisterten Applaus des Publikums beschwingt, lief Anna zur Garderobe, an der Tür blieb sie

überrascht stehen.
Er saß auf dem Sofa und blätterte im Arbeitsplan des Monats.
„Hast du die Vorstellung gesehen?"
„Den letzten Akt." Er stand auf und küßte sie auf die Wange.
Anna war gespannt, und als Jindřich nichts sagte, fragte sie mit gespielter Gleichgültigkeit: „Na und?"
„War nicht überwältigend."
Anna zog sich um. Sie hoffte, Boženka würde bald kommen, aber dann fiel ihr ein, daß die Garderobiere bestimmt Jindřich gesehen hatte und es nicht wagte, zu erscheinen, bevor Anna sie rufen würde.
„Du mußt mehr trainieren", fügte er versöhnlicher hinzu. „Du kannst die Julia noch zehn Jahre lang tanzen. Auf der Bühne siehst du wie siebzehn aus."
Anna ließ sich nicht anmerken, ob diese Worte sie freuten oder nicht. Sie griff nach dem Halbliterglas, das auf dem Tischchen zwischen dem Schminkzeug für sie bereitstand, und trank einen tiefen Schluck von dem kühlen Bier.
„Wo essen wir heute abend?" fragte er.
„Ich hatte dich nicht erwartet", antwortete sie und trat unter die Dusche.

Als Anna im Auto saß und sein scharf geschnittenes Profil, die kurzen dunklen Haare betrachtete, fiel ihr plötzlich ein, wie lange es her war, daß sie eifersüchtig auf die Liebesbriefe gewesen war, die er von einigen Verehrerinnen erhielt, und mit welchen Befürchtungen sie die Anbiederei der Tänzerinnen und der älteren Kolleginnen verfolgt hatte. Jindřich hatte aber sie als seine Partnerin ausgewählt und gemeinsam verbrachten sie Stunden im Saal, wenn alle anderen schon längst weggegangen waren.
Jindřich war ehrgeizig und dachte nur an die Kunst, und so fiel es Anna nicht schwer, ausgerechnet vor ihm zu verheimlichen, daß sie sich unsterblich in ihn verliebt hatte. Damals war sie vierundzwanzig und Vašek fast fünf.
Jindřich respektierte, daß Anna Vašek rechtzeitig aus dem Kindergarten abholen mußte und sie die Abende, wenn sie keine Vorstellung hatte, mit dem Jungen zu Hause ver-

brachte. Er stellte nie das Ansinnen an sie, ihn mit hinaufzunehmen, wenn er sie nach Hause begleitet hatte, und erst nach vier Monaten lud er sie in seine Wohnung ein. Anna kam damals morgens halb fünf nach Hause und fand Karla Valentová schlummernd im Sessel. In dieser Nacht konnte Anna nicht mehr einschlafen. Würde ihr Leben jetzt eine Wendung nehmen?

Zu ihrer großen Überraschung verheimlichte Jindřich gar nichts. Bald wußte das ganze Theater von ihrer Beziehung, und heute, nach vier Jahren, zweifelte niemand daran, daß sie zueinander gehörten.

Anna erlebte ein glückliche Zeit, und so bemerkte sie zunächst nicht, daß Jindřich nicht die Absicht hatte, seinen Lebensstil zu ändern. Ein paarmal versuchte sie unauffällig, ihn mit Vašek zusammenzubringen, aber Jindřich zog sich immer mit einer höflichen Entschuldigung aus der Affäre.

Im vorigen Sommer wollte sie Jindřich überlisten. Kurz vor der Abreise in den Urlaub, den er in Dubrovnik gebucht hatte, teilte sie ihm mit, daß sie Vašek nicht unterbringen könne. Zuvor hatte sie sich vergewissert, ob es möglich wäre, in dem Hotelzimmer eine Aufbettung für ein Kind zu bekommen. Bevor sie überhaupt einen Vorschlag machen konnte, erklärte Jindřich, dies sei eine vertrackte Situation und stornierte die Reise sofort telefonisch. Als er ins Zimmer zurückkam, war Anna in Tränen aufgelöst. Er verstand nicht, was geschehen war. Sie zog das Telefonverzeichnis der Ensemblemitglieder aus der Tasche, und Jindřich bemerkte, daß einige Namen unterstrichen waren.

„Das sind Ehekandidaten. Vašek glaubt, ich könnte einen von ihnen heiraten."

Jindřich hörte Anna geduldig zu, die ihm zu erklären versuchte, daß ein siebenjähriges Kind kein Verständnis für Toleranz und Freiheit in der Partnerschaft habe.

„Vašek interessiert nur eins. Er möchte einen Vater haben wie die anderen."

Jindřich vertiefte sich wieder in das Verzeichnis und lächelte im stillen. Nur wenige Namen waren nicht unterstrichen. Der Pförtner Koblas, der in einem Jahr in Rente gehen würde, der Requisiteur Ješátko, der mit seinen hundertdreißig Kilogramm jedes Jahr im Januar in die Moldau sprang,

und unter den nächsten zwei Namen, für die der Junge kein Interesse hatte, war er selbst.
„Ich habe eventuell eine Idee, wie du dir lästige Fragen abwimmelst", sagte Jindřich nach einer Weile, legte das Verzeichnis weg und stand auf. „Du sagst ihm einfach, daß alle Männer, die altersmäßig zu dir passen würden, schon verheiratet sind. Wenn dich einer heiraten wollte, müßte er sich erst scheiden lassen und seine Kinder verlassen. Das begreift auch ein siebenjähriger Junge."
Anna hatte nicht den Mut zu fragen, wen er selbst verlassen müßte.

„Hast du Kummer?" fragte Jindřich unerwartet und warf Anna einen kurzen Blick zu. „Vašek?"
Anna nickte. Sie fuhren durch eine schwach beleuchtete Allee, der Schneeregen schmolz auf der asphaltierten Fahrbahn sofort zu glänzenden Pfützen. Jindřich stellte die Scheibenwischer an.
„Ich dachte, er hätte Ruhe gegeben?"
„Hatte er auch, bis die Mutter seines Freundes geheiratet hat."
Jindřich betrachtete Anna erneut von der Seite. Sie zog gerade ihren Tweedmantel fester um sich, als ob ihr noch immer kalt sei.
„Er wird es irgendwann satt haben", tröstete Jindřich sie und lächelte aufmunternd, „wenn er erst größer ist, hat er andere Probleme."
„Und wenn nicht?" fragte Anna gereizt.
„Du wirst mir doch keine Vorwürfe machen. Nach vier Jahren."
Anna spürte, wie diese Nachsicht und Freundlichkeit, mit der Jindřich für gewöhnlich mit ihr sprach, sie aufbrachte.
„Du darfst nicht zulassen, daß Vašek dir in alles reinredet."
„Keine Sorge. Ich habe ihm schon jegliche Diskussion ums Heiraten verboten."
„Dann ist die Sache ja erledigt."
„Von wegen! Weißt du, was er gestern gemacht hat?" fragte sie. „Er hat im Bad eine dritte Zahnbürste auf die Konsole gelegt."

Jindřich antwortete nicht. Der Schneeregen verwandelte sich in einen Schauer. Auch Anna sprach die ganze Fahrt über kein Wort mehr.
Vorm Haus hielt Jindřich an und stellte den Motor ab.
„Ich warte auf dich." Er sagte das mit einer Selbstverständlichkeit, als ob zwischen ihnen alles in schönster Ordnung wäre.
Anna streckte sich nach den Sachen auf dem Rücksitz aus.
„Ich hab dir doch gesagt, es geht nicht." Sie band ein weißes Tuch um den Kopf.
„Ist Vašek bei der Valentová?"
„Nein, Karla ist bei uns."
„Sag ihr, daß du später zurückkommst."
Anna antwortete nicht. Wenn ich jetzt weggehe, dachte sie, bin ich wieder den Rest der Nacht allein. Wenn Vašek schläft, ist es völlig gleichgültig, ob ich zu Hause bin oder nicht.
Jindřich legte seinen Arm um ihre Schultern. „Das letztemal hattest du vor zehn Tagen für mich Zeit."
Anna sah ihm in die Augen, und dann faßte sie einen Entschluß: Sie stieg aus und ging auf das Haus zu. Hinter ihr blieb es still. Anna spürte, daß Jindřichs Augen sie verfolgten.
Erst als sie die Schlüssel aus der Tasche nahm, sah sie sich um und kehrte langsam zum Auto zurück.
Jindřich kurbelte das Fenster herunter und lächelte.
Anna beugte sich zu ihm und sagte leise: „Wenn du willst, komm mit hinauf."
Gerade das wollte Jindřich nicht. Er startete und fuhr los.

Nachdem Anna die Nachttischlampe ausgeschaltet hatte, konnte sie lange nicht einschlafen. Obwohl sie die Nacht zusammensein könnten, war jeder für sich allein geblieben. Sie hatte heute nicht zum erstenmal verloren, Jindřich setzte sich immer durch. Das Problem mit Vašek mußte sie in den Griff bekommen. Das würde nicht leicht sein, aber sie würde es schaffen. Mit dieser Hoffnung schlief sie endlich ein.

3

Am nächsten Morgen stellte Vašek fest, daß die dritte Zahnbürste verschwunden war. Wieder standen nur zwei Becher und zwei Zahnbürsten auf der Konsole.
Anna bereitete in der Küche das Frühstück zu. Sie goß Milch in den Topf und setzte ihn auf den Herd.
„Diesen Sonntag hab ich frei. Wir gehen irgendwohin. Vielleicht in den Zirkus." Sie stellte den Wasserhahn über der Badewanne ab. „Oder ich kaufe Kinokarten. Für den Funès-Film, was meinst du?"
Vašek meinte nichts. Er stand in seinem ausgeblichenen Schlafanzug auf dem Hocker vor dem Spiegel und zog ein finsteres Gesicht. Wo hat Mama bloß die neue grüne Zahnbürste versteckt? überlegte er. Er wartete, bis sie die schmutzigen Gardinen in der Wanne eingeweicht hatte, dann forschte er weiter, durchwühlte die Schränkchen über dem Waschbecken und das Körbchen mit den Lockenwicklern und dem Fön.
„Oder du lädst Standa ein. Ihr könnt mit der Autobahn spielen", hörte er die Mutter aus der Küche rufen.
„Standa fährt jetzt mit seinem neuen Papa immer nach Říčany. Er hat Kaninchen! Und einen neuen Großvater!" entgegnete Vašek laut, und dann bettelte er: „Mama, ich möchte auch einen Opa haben. Wenigstens einen!"
Anna riß die Tüte mit Kristallzucker auf, um die leere Zukkerdose aufzufüllen. Ihre Hände hielten einen Augenblick inne. Dann holte sie tief Luft und sagte: „Verrat mir lieber, wo du dir gestern die Hose zerrissen hast!"
„Ich habe jemanden verfolgt."
„Warst du wieder hinter einem Hund her!"
„Nein, hinter dem Sportlehrer."
Der Hausmeister war nämlich nicht der einzige, der jung und stark war. Sportlehrer Herold spielte zwar weder Eishokkey noch sonst irgendwas in der zweiten Liga, aber er konnte immerhin den Salto am Barren und die Doppelfelge an den Ringen.
„Was redest du für Unsinn? Was ist mit dem Sportlehrer?" fragte Anna.

Vašek antwortete nicht. Er hatte die Zahnbürste in der Nische über der Wanne entdeckt! Mama hatte sie zwischen den Paketen mit Waschpulver versteckt!
Er schwang sich flink hinauf und stellte sich auf den Wannenrand. Das Paket Tix schob er zur Seite. Er mußte an die Zahnbürste herankommen!
Anna hörte nur einen Aufschrei, ein lautes Plätschern, als ob ein Karpfen im Teich hochspringt und auf das Wasser klatscht. Sie stürzte ins Bad, doch von Vašek keine Spur.
Da tauchte er plötzlich aus der Wanne auf, aus dem Schlafanzug und den Haaren rann das Wasser. In der einen Hand hielt er einen Becher, aus dem er das Wasser herauskippte, und mit der anderen umklammerte er eine grüne Zahnbürste und schwenkte sie triumphierend.
„Ich bin ein Detektiv. Er ist nicht verheiratet."
Anna hielt den Topf mit der heißen Milch fest, der trotz des Geschirrtuchs in ihrer Hand brannte. Vašeks Entdeckung schien keinen Eindruck auf sie gemacht zu haben.
„Weißt du was, Colombo? Du kriegst von mir gleich ein paar hinter die Ohren!"
Über Vašeks Gesicht rannen Wassertropfen, und als er seine Mutter anlächelte, bildeten sich Grübchen auf seinen Wangen.
„Kannst mir ruhig eine knallen, Hauptsache, wir sind bald zu dritt."

„Schau mal, Vašek, wenn du die Zahnbürste schön wegräumst, kannst du dir von mir was wünschen, aber etwas Vernünftiges", verhandelte Anna, als sie Vašeks Haare fönte.
Das klang ein bißchen wie im Märchen, aber Vašek wollte keinen *vernünftigen* Wunsch erfüllt haben, und weil er bockte, vergaß er, daß er sich wünschen konnte, statt zur Schule ins Kino zu gehen, aber zur Schule mußte er sowieso, denn dort hatte er etwas Wichtiges zu erledigen.
„Im Sommer unternehmen wir, was du willst", bot Anna ihm großzügig an und küßte ihn auf sein rundes, finsteres Gesicht, aber nicht einmal davon ließ sich Vašek besänftigen.
„Wir verbringen die Ferien zusammen. Wir könnten ans Meer fahren. Möchtest du?"
Insgeheim war Anna überzeugt, daß sich Vašek auf dem klei-

nen Hof mit dem Kaninchenstall und den Johannisbeersträuchern am wohlsten fühlen würde, aber ihr Großvater lebte nicht mehr, und das Häuschen mit dem alten Schild GLASEREI über der Ladentür war längst verkauft.

„Ich möchte im Winter ins Gebirge", schlug Vašek schließlich vor und heftete seine großen Kulleraugen auf Anna. „Ski fahren, was sagst du dazu, Mama?"

Anna sagte nichts und schaltete den Fön aus.

„Mama, warum willst du nie mit mir zum Wintersport ins Gebirge fahren?" forschte Vašek.

Anna blieb über das Schubfach gebeugt stehen, aus dem sie ein sauberes Hemd gezogen hatte. Sie preßte die Lippen zusammen.

„Weil es im Theater keine Winterferien gibt."

Vašek sah, wie traurig seine Mutter geworden war, und so beschloß er, sie aufzuheitern. „Dann nimmst du dir einfach welche!"

„Willst du das arrangieren?"

Vašek nickte.

„Und wie?"

„Guck mal!" Vašek zog das Hemd über den Kopf und schob langsam und rhythmisch die Arme nach vorn, als ob sich die Kolben einer Lokomotive in Bewegung setzten.

„Schschschsch – schschsch – huhu ... huuuuu!"

Der Zug sprang ohne Hosen vom Sofa auf den Teppich und ratterte durch das Zimmer. Mit Volldampf fuhr er durch die Küche, im Korridor stellte er die Weiche, und als er wieder in den Bahnhof einlief, fing Anna ihn auf und gab ihm einen Kuß.

„Du bist mein Schnuckelchen, stimmt's?"

Vašek nickte und ließ Dampf ab. „Pfuuu – pfuuu – pfiuuu ..."

Er freute sich, daß er nicht aufgegeben hatte und sah sich schon als großen Bezwinger der höchsten Berge.

„Mama, kannst du überhaupt Ski fahren?" fragte er, als er am Tisch saß und ein Schmalzbrot aß.

„Ich darf nicht Ski fahren."

Vašek öffnete vor Staunen den Mund. Er sah zu, wie die Mutter sein Frühstücksbrot für die Schule fertigmachte.

„Wenn ich mir nun ein Bein breche?“ fragte sie und drängte dann: „Iß. Wir reden ein andermal darüber.“
Vašek biß in sein Brot und versicherte mit vollem Mund: „Keine Angst, Mama. Ich komm nicht ums Leben. Wie Vater.“
Er trank einen großen Schluck, mit sich selbst zufrieden, daß er die Mutter beruhigen konnte. Aber als er die Augen hob und sah, wie sie mit gesenktem Kopf sorgfältig das Stanniolpapier vom Schmelzkäse abzog, wurde ihm mit der Erfahrung seiner achteinhalb Jahre sofort klar, daß sie wieder zu Hause bleiben würden, wenn seine Mutter ihn jetzt nicht anblickte. Er wartete noch zwei Minuten. Sie sah ihn nicht an.
Vašek schob die Kakaotasse weg.
„Alle fahren ins Gebirge!
Alle Jungs haben einen Vater!
Bloß ich hab nicht mal einen Hund!“
Und damit niemand die Tränen sah, die ihm in die Augen schossen, legte er seinen Kopf auf den Tisch und bedeckte sein Gesicht mit den Händen.

4

Vašek gehörte nicht zu denen, die beim ersten Mißerfolg aufsteckten. Im Laufe der nächsten vierzehn Tage steigerte er seinen Eifer in der Schule, holte für den Sportunterricht Sprungseile und Bälle und übernahm freiwillig den Ordnungsdienst. Auf dem Flur und im Klassenzimmer sammelte er nach dem Unterricht das umherliegende Papier ein und fegte im Speiseraum die Essensreste zusammen. Er gewöhnte sich daran, daß er beim Hausmeister und bei Herold ständig auf die Jedličková stieß. Die Lehrerin gewöhnte sich nicht daran. Sie füllte die Seiten des Schülertagebuchs mit Eintragungen. „Betritt ohne anzuklopfen den Geographieraum, obwohl er dort nichts zu suchen hat.“ Oder: „Stiehlt den Kindern Fleischstückchen vom Teller, um den Hund damit zu füttern.“
Jetzt schrieb die Jedličková das Thema des heutigen Aufsat-

zes in Schönschrift an die grüne Tafel:

Meine Mutter

Vašek beugte sich zu Standa, um ihm seine Bedenken mitzuteilen. „Und wenn nun alle beide kommen?"
„Ist doch in Ordnung. Bei uns waren sechs."
Das verschlug Vašek den Atem. „Auf einmal?"
„Achwo. Nacheinander."
Mehr erfuhr Vašek nicht, denn die Jedličková, von dem ständigen Zischeln hinter ihrem Rücken gestört, sah sie streng an, legte die Kreide weg und rief: „Benda! Martinec!"
In der ersten Reihe erhoben sich Vašek und Standa.
„Gebt mir eure Hefte, ihr bekommt jetzt Papier und schreibt den Aufsatz nach dem Unterricht ab."
„Nach dem Unterricht kann ich heute nicht, Frau Jedličková", wandte Vašek zerknirscht ein. „Ich muß Abendessen machen."
Eine Lachsalve brach los, und Vašek sah sich verwundert um, worüber die Kinder wohl lachten.
„Setzen!" befahl die Jedličková nachdrücklich, und die beiden Jungen setzten sich mit unschuldigem Gesichtsausdruck auf ihre Plätze.
„So, Kinder", fuhr die Lehrerin freundlich fort, „bevor ihr zu schreiben anfangt, überlegt euch, wie eure Mutter aussieht, was sie macht."
Sie ging durch die Bankreihen.
„Wie ist die Mutter?"
Ein Wald von Händen ging nach oben.
„Lieb." – „Schwarzhaarig." – „Fröhlich." – „Schlank." – „Schick."
Auch Standa meldete sich eifrig, denn er wollte beisteuern, daß seine Mama verheiratet sei.
Nur Vašek kritzelte schon eifrig.
„Benda!" ermahnte ihn die Jedličková ungehalten.
Vašek stand auf und lächelte arglos. „Ich schreib das schon auf." Er zwinkerte der Lehrerin verschmitzt zu.
Als die Jedličková neben ihm stand und die erste Zeile gelesen hatte, guckte sie nur noch erstaunt und sagte gar nichts mehr.

Vašek hatte die ganze Aktion gründlich durchdacht. Aus der Speisekammer holte er eine Tüte feines Mehl, schüttete geriebene Semmel auf einen tiefen Teller und nahm Fleisch und eine Packung Eier aus dem Kühlschrank. Er schwang sich auf die Couch, von der er besser an den Küchentisch reichte, und stellte das Radio an. Während die Einleitungsmusik der Sendung „Der Kampf um die Achttausender" in die Küche drang, schlug Vašek ein Ei nach dem anderen auf. Dann vernahm er eine tiefe, angenehme Stimme:

Der Gipfel des Tschomolungma leuchtet in der Spätsonne wie rotes Gold. Nein, noch sind sie nicht am Ende ihrer Kräfte, aber oberhalb der Achttausendmetergrenze können sie den Aufstieg über die kahlen, steilen Eiswände nicht wagen!

Vašek lauschte mit angehaltenem Atem, alle acht Eier, die er im Kühlschrank gefunden hatte, waren in eine Glasschüssel geschlagen, und nun rührte er sie mit der Hand um. Er tunkte eine Scheibe Fleisch in die Eier, ins Mehl und wieder zurück in die Eier. Der Bericht fesselte ihn immer mehr, er fuhr sich geistesabwesend mit den Fingern über das Gesicht, dann stützte er seinen Kopf in die Hände und hörte zu:

Dreihundert Meter unterhalb des Gipfels müssen Mallory und Irvine aufgeben. Vor ihnen ragt die Gipfelpyramide so steil, daß kein Mensch sie bezwingen kann!

Als Vašek in die Wirklichkeit zurückfand, hinterließen seine flinken Finger einen Eigelbabdruck im Gesicht. Er wischte sich über die Stirn, als sei er soeben aus einem tiefen Schlaf erwacht, und machte sich wieder an die Arbeit. Er durfte keine Zeit verlieren! Seine Hände panierten Schnitzel für den Ersatzvater, aber sein Herz und seine Seele waren weit weg von hier.
Im Radio auf dem Kühlschrank knackte es plötzlich, und dann hallte ein dröhnender Schlag mitsamt Echo durch die Küche.

Wie ein zorniger Aufschrei der Schneegeister stürzt eine gewaltige Eislawine krachend auf den Gletscher! So straft die Göttinmutter die Vorwitzigen, die sich ihrem Thron nähern wollen!

Anna öffnete die Küchentür und erblickte die Verwüstung. Sie schüttelte den Kopf und rief verzweifelt:
„Du liebe Güte! Laß die Finger davon! Die Schnitzel waren für Sonntag!“
Sie warf den Mantel über einen Stuhl und sammelte die Eierschalen ein, dann wischte sie mit einem Lappen die verkleckerten Eier und das verschüttete Mehl vom Tisch und vom Fußboden auf. Die mit einer klebrigen Breischicht bedeckten Schnitzel weichte sie in einer Schüssel mit Wasser ein.

Mallory hängt über dem tiefschwarzen Abgrund, mit den Steigeisen bohrt er sich in die Seiten des Spalts. Aber wo ist Irvine? Wo ist sein Gefährte? Dort – hinter dem Eiskamin – liegt er mit einer Verletzung.

Anna warf einen Blick auf Vašek. Er lag wie ein Hund zusammengerollt auf dem Sofa, die Augen verträumt in weite Ferne gerichtet.
„Geh dich waschen“, sagte Anna und schaltete das Radio aus. Vašek sprang auf wie von der Tarantel gestochen und stellte das Radio wieder an. Dann hockte er sich in die Sofaecke, wo er sich bequem an die Wand lehnen konnte und nicht allzusehr im Blickfeld seiner Mutter war. Durch die Küche fauchten Windstöße. Ein Gewitter nahte.

„Götter der Berge, entlaßt uns aus eurer Gefangenschaft!“ rief Mallory mit lauter Stimme.
„Der Berg hört dich nicht“, flüsterte Irvine. „Steig ab. Rette dich! Allein schaffst du es! Du mußt ihnen sagen, wie der Weg geht!“
„Auf dieser Bergseite gibt es keinen Weg zum Gipfel!“

Vašek reckte den Hals. Seine Mutter holte eine Flasche Pilsner Bier aus dem Kühlschrank und fragte entgeistert: „Hast du etwa das Bier gekauft?“
Vašek reagierte nicht gleich. Dann nickte er nur schweigend und ging sich die mit Ei und Mehl verklebten Hände und das Gesicht waschen. Anna sah ihm nach und verstand gar nichts.

Mallory preßte Irvine wärmend in seinen Armen. Er kann den Freund nicht ins Lager schleppen! Er kann ihn nicht allein lassen! „Wir warten, bis sie uns holen.“ Mallory weiß, daß niemand kommen wird. Auch der Verletzte weiß das, aber mit einer Hoffnung im Herzen stirbt es sich leichter.

Als sich Vašek wieder auf das Sofa legte, deckte er sein Gesicht mit dem Geschirrtuch zu. Seine Augen brannten. Obwohl bis zum Abendessen noch zwei Stunden Zeit waren, hatte er plötzlich in dieser einen Sekunde begriffen, daß niemand kommen würde. Die Sehnsucht nach Kameradschaft, nach Abenteuer und dem Vater, der weit weg unter einer Lawine sein Leben verloren hatte, all das vereinigte sich mit einemmal zu einem einzigen großen Kummer, und sein Herz krampfte sich in kindlichem Schmerz zusammen. Aus weiter Ferne hörte er die Stimme seiner Mutter.
„Ich hab dich gefragt, warum du Bier gekauft hast.“ Sie saß neben ihm auf dem Sofa, ganz nahe bei ihm, und schob ihm das herausgerutschte Hemd in die Hose.
„Ich dachte, er kommt heute“, brummte Vašek ins Kissen und drehte sich nicht einmal um dabei. Die Kniestrümpfe hatte er heruntergestreift und einen Hausschuh geöffnet.
„Wer?“ fragte Anna verständnislos.
„Der Minister“, sagte Vašek, und als er sich zu seiner Mutter umwandte, waren seine Augen ganz rot. War da etwa eine Träne, die über seine Wange kullerte? –

Was ist denn heute los hier? dachte Karla Valentová, als sie die Gardine zuzog. Sie hatte Anna schon zweimal zur Eile gemahnt.
Vašek saß am Tisch, zog ein mürrisches Gesicht und stocherte mit der Gabel auf dem Teller herum, obwohl es sein Lieblingsessen gab – Schnitzel. Anna wurde einfach nicht fertig, und Karla erinnerte sie zum drittenmal daran, daß es höchste Zeit war loszugehen, wenn sie nicht zu spät ins Theater kommen wollte.
Endlich hatte Anna den Mantel angezogen. „Wissen Sie was, Karla“, sagte sie bedeutungsvoll, „Vašek darf sich den Fernseher heute in sein Zimmer stellen.“
Sie trat an den Tisch und gab Vašek einen Abschiedskuß. Der rührte sich nicht, und Anna lächelte aufmunternd. „Um halb acht kommt Chaplin. Im Zweiten.“
Vašek gab keinen Mucks von sich, er hob nicht einmal den Kopf, und Anna wartete nicht mehr auf Antwort.
„Ich will keinen Chaplin!“ rief Vašek, als Anna an der Tür war.
Sie wandte sich um. Er löffelte verbissen Kirschkompott aus der Schüssel.
„Ich will, daß du zu Hause bleibst wie jede richtige Mama!“ rief er verstockt und spuckte wütend einen Kern auf den Teller.

Karla Valentová schlief mit dem Strickzeug vor dem Fernseher ein. Vašek schlüpfte lautlos unter der Decke hervor, ging auf Zehenspitzen zum Fenster und drückte die Nase an das kalte Glas. Draußen war dunkle Winternacht, und die Windstöße klangen wie Eismusik.

5

Am Montag wurde die Besetzung des neuen Balletts bekanntgegeben, gleich am Dienstag begannen die Proben, und Ende Mai sollte die Premiere des „Spartakus“ sein. Als Anna ihren Namen unter der weiblichen Hauptrolle Phrygia

sah, freute sie sich, doch nicht so sehr wie früher.
Überhaupt hatte sich in den letzten vier Jahren einiges geändert. Damals, als sie Jindřich kennenlernte, hatte sie das Gefühl, endlich wieder richtig zu leben. Sie kaufte ein, bügelte, wusch und kochte wie früher, doch alles hatte plötzlich einen Sinn bekommen. Sie strickte für sich zwei Gamaschenhosen, häkelte ein schwarzgoldenes Haarnetz, ließ sich ein Pepitakostüm und eine Crêpe-de-Chine-Bluse nähen und gewöhnte sich sogar an, zwanzig Minuten früher aufzustehen, um im Theater noch vor der Probe ausgiebig duschen zu können. Sie knobelte Gerichte aus, die, ohne Schaden zu nehmen, vier Stunden in der Theatergarderobe überstanden. Sie buk Käsegebäck und mit Fleisch gefüllte Blätterteigtaschen. Sie wußte, daß Jindřich ihre Küche nicht nur dem kalten Büfett des Theaters, sondern auch jedem Restaurant vorzog, in dem man nach der Vorstellung essen konnte.
Doch im Laufe der Zeit nahmen die Pflichten zu. Die Anzahl der Stunden im Theater stieg sprunghaft an. Zusätzlich zu den auf dem Arbeitsplan vorgeschriebenen Proben verlängerte Jindřich das individuelle Training bis vier oder fünf, und zu Hause bat sie Karla Valentová immer häufiger: „Anička, könnten Sie nicht etwas für mich auf der Post erledigen und auf dem Rückweg in der Reinigung vorbeigehen?“
Anna konnte nicht nein sagen.
Am nächsten Tag wartete Karla schon auf dem Balkon auf sie. „Anička, könnten Sie nicht mal den Installateur bestellen? Im Bad tropft der Wasserhahn, und außerdem hätte ich Appetit auf frischen Salat.“
Anna hatte schon seit ein paar Monaten kein warmes Wasser in der Küche, sie kaufte schon seit langem Fertiggerichte, und ein Buch hatte sie seit zwei Monaten nicht mehr gelesen. Als vorige Woche ihre Waschmaschine streikte, war ihr zum Heulen zumute. Im Gemüseladen gab es keinen Salat, geschweige denn frischen, aber das begreift eine alte Frau nicht, die das Haus nicht verlassen kann und keine Ahnung hat, wie es in den Geschäften im Stadtzentrum aussieht.

Es war dreiviertel drei, als Anna aus dem Duschraum in den Saal zurückkehrte. Sie setzte sich in der Ecke beim Spiegel auf das Parkett und rubbelte sich mit dem Handtuch die

Haare trocken. Alle waren nach der Probe schon nach Hause gegangen, nur sie würde gleich weitermachen müssen. Sie nahm ein Hämmerchen aus dem Korb und klopfte mit einigen sicheren Schlägen die Schuhspitzen weicher. Der hautfarbene Strumpf war auf dem Rist wieder von Blut verfärbt. Sie spürte keinen Schmerz, nur Müdigkeit. (Den Morgenmantel mußte sie unbedingt mit zum Waschen nach Hause nehmen!) Am anderen Ende des Proberaums ging Jindřich ungeduldig hin und her; sein Trikot hatte er heruntergestreift und um die Hüften gebunden. Im Spiegel sah sie, wie konzentriert er war.

„Spartakus und Phrygia sind frei", sagte Jindřich und gab dem Inspizienten ein Zeichen, das Tonband lauter zu stellen. „Hör zu, in der Musik ist alles drin."

Er wartete, bis Anna die Spitzenschuhe festgebunden hatte und aufstand, und als sie sich in den Knien gelockert und ein paarmal den Rücken gestreckt hatte, ließ er die Passage noch einmal wiederholen.

Anna stützte sich auf die Stange, sie hörte Jindřich und die Musik. (Warum konnte sie sich heute bloß nicht konzentrieren?) Jindřich gab ihr die Anweisung, sich zurückzubeugen, in sich zusammenzusinken und sich wieder zu öffnen. Anlauf und Sprung!

Alles war schlecht. Anna hatte die Schritte für das linke Bein ausgerechnet, und Jindřich wollte, daß sie mit dem rechten absprang. Der Inspizient ließ die Musik zurücklaufen, und alles ging von vorn los. Jindřich versuchte nicht einmal, Anna in seinen Armen aufzufangen.

„Links, rechts, links, rechts – Sprung!" Jindřichs Stimme klang ungeduldig und gereizt.

Ich muß mich konzentrieren! dachte Anna und nahm zum drittenmal Anlauf.

Sie spürte, wie Jindřich sie auf seinen gespannten Armen trug, wie fest und sicher seine Hände waren. Mit aller Kraft bemühte sie sich, die Bauchmuskulatur zu straffen. Aber plötzlich kam ihr ein Gedanke: Was mach ich eigentlich hier, um halb vier nachmittags zwei Meter unter der Erde? Kaum hatte sie das gedacht, knickte sie in der Taille ein, und Jindřich ließ sie herunter. Er gab sich keine Mühe, seinen Ärger zu verbergen.

„Also hör mal! Was ist mit dir los?"
„Ich bin um sechs aufgestanden", sagte Anna leise, stützte sich auf die Stange und atmete tief.
„Das ist deine letzte große Rolle!" schrie er sie an und verscheuchte mit einer Geste den kleinen Inspizienten, der sich daraufhin taktvoll zurückzog.
„Die Phrygia ist deine große Chance!" fuhr Jindřich ruhiger fort, und dann erzählte er voller Leidenschaft von „Spartakus", der Tragödie der Zeit, dem ewigen Kampf für die Freiheit.
Warum bin ich bloß so müde? dachte Anna. Jindřich sprach über die unerfüllte Liebe.
Jindřich wußte, Anna brauchte nur eine Verschnaufpause. Er kannte sie seit vier Jahren, und er war sicher, daß sie gleich wieder fit sein würde.
„Ich erwäge eine zweite Besetzung", sagte er schließlich. Er war sicher, daß dies eine wirksame Aufmunterung war. Befriedigt registrierte er, daß Anna nachdenklich aufblickte. „Ich glaube, Helena könnte die Phrygia tanzen."
Helena war die zweite Saison am Theater und bemühte sich um die Rolle und um Jindřich.
Eine Weile war es still, dann fragte Anna: „Na, dann könntest du mich ja für eine Woche weglassen?"
Jindřich traute seinen Ohren nicht. „Wie weglassen? Wohin?"
„In der letzten Februarwoche hab ich keine Vorstellung. Da sind gerade Schulferien. Die Proben hol ich alle nach." Sie sah Jindřich bittend an. „Ich bin kaum noch zu Hause."
„Du willst wegfahren?"
Anna nickte.
„Nach all dem, was ich dir eben gesagt habe?" fragte Jindřich ungläubig.
„Der Junge ist wirklich nicht mehr zu genießen", verteidigte sich Anna.
„Das schlag dir aus dem Kopf", wies Jindřich sie zurück. „Du fährst nirgendwo hin."
Er verließ den Saal, die Tür fiel geräuschlos hinter ihm zu.

Am Abend war Elternversammlung. Anna hatte in dieser Woche schon zwei Vorstellungen, und deshalb meinte sie,

sie bliebe besser zu Hause bei Vašek, zumal er sie so inständig gebeten hatte, das letzte Kapitel des Buches „Von Rumzai und seinem Sohn Zipfelchen" vorzulesen. Am nächsten Tag um dreiviertel elf, gerade als das Training der Solisten in vollem Gange war, kam der Inspizient angerannt und richtete aus, Frau Bendová solle sofort in der Schule anrufen. Anna erschrak. Sie wartete nicht, bis Jindřich eine Pause anordnete und lief ins Büro.
„Hätten Sie einmal Zeit, in der Schule vorbeizukommen?" vernahm Anna die ein wenig ironische Stimme der Lehrerin und beruhigte sich erst, als ihr die Jedličková wiederholt versichert hatte, daß Vašek nichts geschehen sei.

Jetzt saß Anna im Biologieraum, umgeben von Fischen auf vergilbten Tafeln, und harrte der Mitteilung, was Vašek wieder angestellt haben mochte. Sie sah die neue Lehrerin heute zum erstenmal, und die hatte entweder viel Zeit oder eine besondere Vorliebe dafür, die Eltern ungezogener Kinder zu beobachten.
„Wissen Sie, was ich an Kindern am meisten mag?" fragte sie.
Anna beschloß, um keinen Preis ihre Ungeduld zu offenbaren.
„Daß sie die Welt so sehen, wie sie sein sollte. Und ihre Welt, das ist vor allem ein harmonisches Zuhause."
Wie alt mag sie sein, überlegte Anna. Sie unterrichtet das erste Jahr in der Mittelstufe Biologie, und diese dritte Klasse hat sie zusätzlich übernommen, weil die alte Frau Valešová wahrscheinlich nicht mehr an die Schule zurückkommt.
„Vor einer Woche haben wir einen Aufsatz geschrieben", fuhr die Jedličková fort und legte Vašeks Heft vor Anna auf den Tisch. „Ich dachte, das könnte Sie interessieren."
Anna schlug die beiden letzten beschriebenen Seiten auf.

Meine Mutter
wird heiraten.

Das stand da in großer krakeliger Schrift.

Anna Bendová errötete leicht und holte die Brille aus der Tasche. Als sie den ganzen Aufsatz überflogen hatte, spürte sie, wie ihr das Blut in den Schläfen pochte. Doch sie beschloß, nicht zuzulassen, daß sich jemand an ihrer Verlegenheit weidete.

„Ich dachte schon, er hätte etwas angestellt", sagte sie mit bewundernswerter Ruhe und Überlegenheit.

Aber die Jedličková fragte direkt: „Sie wissen also, daß er den Kollegen Herold zu Ihnen nach Hause eingeladen hat?"

„Nein, das weiß ich nicht", erwiderte Anna und merkte, wie ihr die Schweißtropfen den Rücken herunterliefen. „Ich weiß nicht einmal, wer Kollege Herold ist."

Als sie erfuhr, daß Herold der Sportlehrer war und Vašek sie

auch dem Hausmeister angeboten hatte, steckte sie schnell die Brille ins Etui, das Etui in die Handtasche und stand auf. Die Lehrerin lächelte ihr zu.

„Vašek braucht einen Vater wie jedes Kind", erklärte sie schulmeisterlich.

Anna hielt sich wacker und fragte sachlich: „Und was würden Sie an meiner Stelle tun, Frau Jedličková?"

„Ich würde zumindest darüber nachdenken, Mama."

Diese Gans! Dumme Pute! Wofür hält die sich überhaupt? Wieviel Jahre ist die jünger als sich? Vier? Fünf? Und weiß vom Leben noch gar nichts! Hauptsache, alles funktioniert wie in den Fachbüchern der Pädagogen!
Nein! Diese rothaarige Lehrerin trifft keine Schuld! Aber Vašek, der kann was erleben! Sie stieß die Schultür auf und schlug die Richtung zur Tankstelle ein. Es goß wie aus Kannen, aber das kriegte Anna nicht mit. Erst im Park spannte sie ihren roten Regenschirm auf. Warte, du Luder! Alter Schmierfink! Mach dich auf was gefaßt! Sie trat auf die Fahrbahn, ohne sich umzusehen. Zwei Meter vor ihr bremste quietschend ein Lastauto mit Limonadenkästen. Anna nahm weder die Beschimpfungen des Fahrers wahr, noch dachte sie an Jindřich, der hinter der Schule im Auto auf sie wartete.
Jindřich blätterte die Zeitung durch und wurde von dem Bremsgeräusch und dem Getöse leerer Kästen aus der Lektüre gerissen.
Er startete und fuhr um den Park herum. Erst vor der Kreuzung holte er Anna ein. Sie sah sich nicht um. Jindřich hupte, und als Anna auch darauf nicht reagierte, fuhr er an ihr vorbei und öffnete die Tür.
Anna schloß den Regenschirm und setzte sich ins Auto.
„Du gibst mir frei."
Jindřich bemerkte, daß sie blaß war und ihre Hände zitterten. Doch ihr Ton gefiel ihm nicht.
„Da müßtest du im Theater die Kündigung einreichen."
Anna sah Jindřich flüchtig in die Augen und stellte nüchtern fest: „Ich kann mich auch von dir trennen."
Sie stieg aus und knallte die Tür hinter sich zu.

„Mama, Mamilein ist da", rief Vašek ausgelassen, als er Anna erblickte, und sprang ihr mit einem Satz entgegen.
Anna bückte sich, um sich die Schuhe auszuziehen.
„Du kannst was von mir erleben!"
Aber als Vašek zu ihr trat, nahm sie ihn in die Arme und drückte ihn zärtlich. Er flüsterte verschwörerisch:
„Rate mal, wer zu uns zum Abendessen gekommen ist?"
Anna wurde blaß und richtete sich auf. Die Tür öffnete sich, und eine ältere Frau in einem eleganten Kostüm mit einem

Tuch im Blusenausschnitt kam ihr aus dem Zimmer entgegen. Sie sah Anna an, als erblickte sie diese zum erstenmal, und wiegte den Kopf.
„Mädchen, Mädchen. Du bringst mich noch mal ins Grab."

6

Anna war völlig durchnäßt und ließ sich ohne Widerspruch ein heißes Bad bereiten, und als sie ihren warmen Morgenmantel überzog, durchströmte sie das angenehme Gefühl, daß sie am Abend nicht allein sein würde. Sie hatte nie ein besonderes Vertrauensverhältnis zu ihrer Mutter gehabt, doch heute war sie froh, wenigstens mit jemandem sprechen zu können. Auf ihre Weise, überlegte Anna beim Abendessen, ist Eva bewundernswert. Sie dirigiert die Schwestern, Patienten und Ärzte, übernimmt Sechzehnstundenschichten und scheut sich nicht vor dem Dienst an Sonn- und Feiertagen. Sie hat das Gefühl, unentbehrlich zu sein. Anna mußte lächeln. Hatte sie manchmal das Gefühl, unentbehrlich zu sein?
Als Vašek eingeschlafen war, wusch sie das Geschirr ab. Dann sprengte sie die Wäsche ein und erzählte dabei ausführlich, wie sich alles abgespielt hatte, von Anfang an.
Eva trank ihren Kaffee und hörte aufmerksam zu. Schließlich stand sie auf und stellte das Bügeleisen an.
„Wenn es nicht ausgerechnet dich betreffen würde, könnte ich mich über Vašeks Einfälle vor Lachen ausschütten."
„Das ist wirklich zum Totlachen", meinte Anna, „Schnitzel für den Hausmeister zu braten."
„Du hockst wohl bloß zu Hause?" Eva sah sie forschend an. „Gehst du abends überhaupt mal weg?"
„Ins Theater", sagte Anna sarkastisch.
„Ich meine, du müßtest ab und zu was unternehmen. Unter Leute kommen. Du bist jung und weißt es gar nicht." Eva legte das Bügelbrett zwischen Stuhllehne und Tischkante und warf ein weißes Tuch darüber. „Wie oft hab ich mich ge-

fragt, nach wem du eigentlich geraten bist.“ Sie schaute ihre Tochter prüfend an.
In dem weiten Morgenmantel sah Anna aus wie ein Schulmädchen, und die Falte auf der Stirn verlieh ihrem Gesicht einen trotzigen Ausdruck, wie sie ihn hatte, als sie noch ganz klein war.
„Und Jindřich? Was hat er dazu gesagt?“ fragte Eva.
Anna antwortete nicht.
„Hast du überhaupt mit ihm gesprochen?“ drängte sie weiter.
Wenn ich doch bloß alles zurücknehmen könnte! dachte Anna. Warum hab ich bloß davon angefangen. Warum hab ich ihr alles erzählt! Ich hatte wissen müssen, worauf das schließlich hinausläuft!
„Wenn er Kinder hätte“, fuhr Eva fort und prüfte mit dem mit Spucke angefeuchteten Finger die Hitze des Bügeleisens, „dann würde ich nichts sagen. Aber das ist doch kein Leben so, Anna.“
„Er liebt mich.“
„Warum läßt er sich dann nicht endlich scheiden?“
Manche Dinge vermochte Anna ihrer Mutter nie zu erklären. Das war eins davon.
„Gut, ich spreche selbst mal mit deinem Jindřich.“
„Misch dich ja nicht in meine Angelegenheiten“, rief Anna unerwartet heftig und fügte dann ruhiger hinzu: „Sei so lieb und vergiß, was ich dir erzählt habe.“
Auch das noch! Um lästige Fragen abzuwimmeln, hatte Anna ihrer Mutter vor Jahren vorgeschwindelt, Jindřich sei verheiratet.
„Und wie lange willst du das so hinziehen?“ fragte Eva.
Anna schwieg.
„Hat dir das Leben nicht schon genug mitgespielt?“
Die Stille schien schon eine Ewigkeit zu dauern.
„Du machst es einem schwer, Anna“, fuhr Eva eindringlich fort. „Ein halbes Jahr lang hast du nicht mit mir gesprochen, als ich dir sagte, daß ein Kind unter solchen Umständen besser nicht zur Welt käme. Du hast deinen Willen durchgesetzt, weil du gar keine Ahnung hattest, was auf dich zukommt.“
Anna warf trotzig den Kopf zurück und ging mit einem Sta-

pel zusammengelegter Wäsche ins Kinderzimmer. Sie bückte sich, um die Hemden und Nickis in den Wäscheschrank zu räumen und lauschte dabei Vašeks gleichmäßigem Atem. Sie spürte den vertrauten Duft von Kinderseife (trotz großer Proteste hat sich dieser Dreckspatz schließlich doch noch gewaschen), und als sie ihn zudeckte (mit wem hatte er da im Schlaf gekämpft?), sah sie in dem schrägen Lichtstreifen, der aus dem Zimmer hereinfiel, das runde, von tiefem Schlaf rosig gefärbte Gesicht eines Engels, der sich Schlag sieben Uhr morgens wieder in einen unermüdlichen Quälgeist verwandeln würde.

Als Anna in die Küche zurückkam, legte sie all ihren Stolz ab und gestand, daß sie bei ČEDOK einen einwöchigen Urlaub im Gebirge angezahlt habe, doch mit Jindřich sei nicht zu reden. Vielleicht könne Eva mit Vašek wegfahren.

„Ich hab dir doch schon erklärt, daß in der Ferienwoche vorrangig Mütter mit Kindern frei bekommen."

„Hab ich ein Pech, daß ich nicht Schwester in der Chirurgie bin."

„Wenn es dir hilft, mach ich Sechzehnstundenschichten. Dann kann ich ein paar Tage rausarbeiten und Vašek zu mir nehmen."

„Nein, das geht nicht", protestierte Anna sofort. „Die Leute bei dir im Haus kennen mich doch. Womöglich erzählen die Vašek sogar was."

„Vašek wird es sowieso mal erfahren. Wie lange willst du es noch vor ihm verheimlichen?"

„Viele Kinder leben nur mit ihrer Mutter", beharrte Anna eigensinnig. „Geschiedene Ehen gibt es jede Menge."

„Aber du bist nicht geschieden."

Am nächsten Morgen teilte Anna Vašek mit, er könne allmählich die Sachen für den Winterurlaub zusammenpacken, obwohl sie noch keine Ahnung hatte, wie sie freibekommen sollte. Vašek jubelte über die gute Nachricht und war bereit, jede Bedingung zu erfüllen. Leichten Herzens versprach er, den Hausmeister, Herold und alle übrigen Heiratskandidaten zu vergessen.

7

Alle, die in den Urlaub fahren wollten, verließen die Stadt schon am Freitag oder Sonnabend. Nur Vašek mußte noch den ganzen Sonntag warten, denn seine Mutter hatte nachmittags und abends Vorstellung. Der Zug ins Riesengebirge war am Montagmorgen halbleer.

Über der Landschaft lag ein leichter milchiger Nebel, und die Sonne blinzelte erst zögernd zwischen den Bäumen durch.

Nach Turnov blieben Anna und Vašek allein im Abteil. Anna nahm eine durchsichtige Plastbüchse voller Essen aus der karierten Tasche. Vašek biß heißhungrig in das erste Schnitzel. Da vernahm er ein Schnüffeln! Er rutschte die Bank entlang bis zur Abteiltür. Im Gang näherte sich ein riesiger Bernhardiner! An diesem Tag hatte Vašek vom Morgen an Glück; so einen großen Hund hatte er noch nie aus nächster Nähe gesehen. Als erfahrener Jäger wußte er, daß der Duft des Fleisches genügen würde, den Hund dahin zu bekommen, wo er ihn haben wollte. Er glitt auf den Sitz zurück und lockte den unerwarteten Gast mit schmeichelnder Stimme herein. „Komm, du gutes Hundchen, komm!"

Anna, die gerade Tee aus der Thermosflasche in einen Becher goß, fuhr mit einem Ruck herum.

„Keine Angst", säuselte Vašek mit lockender Stimme, „das ist meine Mama." Mit einem Arm wies er auf Anna, mit dem anderen faßte er den riesigen Hund. Der Bernhardiner fürchtete sich nicht.

Dafür schrie Anna auf, denn sie bemerkte, daß der Hund die Zunge heraushängen ließ und einen gesegneten Appetit zu haben schien. „Schick dieses Kalb sofort weg!"

Mehr konnte sie nicht sagen. Im Abteil breitete sich tiefschwarze Dunkelheit aus. Annas Aufschrei wurde vom Pfeifen der Lokomotive übertönt.

Als der Zug aus dem Tunnel herausfuhr, stand Anna auf dem Sitz, in der Hand hielt sie die Thermosflasche, die Büchse voller Schnitzel war leer, auch das Schnitzel aus Vašeks Hand war verschwunden, und der Bernhardiner leckte sich genüßlich das Maul. Vašek streckte verwundert die

Hand nach der leeren Büchse aus.
„Aber Mama, und ich?“ fragte er entgeistert und schaute dem Ungeheuer nach, das durch die Tür auf den Gang verschwunden war.
„Du kriegst was hinter die Ohren!“
Die Lokomotive pfiff noch einmal. Der Zug fuhr an einem

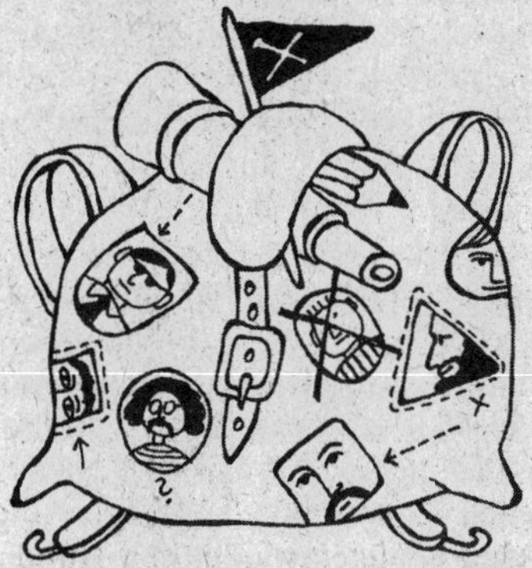

Gebirgsflüßchen entlang, und hinter einer Felsbiegung öffnete sich eine märchenhaft weiße Landschaft, auf deren Berggipfeln die Sonne glitzerte.
Als sie vom Bahnhof hinauf zu den Bergbauden stiegen, wußte Vašek nicht, wo er zuerst hinsehen sollte. Eine Schneefräse fuhr vorüber, dann ein Schneepflug und schließlich eine Gruppe Sportler auf Skiern. Vašek hatte sich nie darum gekümmert, wie seine Mutter angezogen war, doch nun musterte er sie kritisch. Mit dem Koffer in der Hand und dem Pelzmantel paßte sie seiner Meinung nach kein bißchen in die Berglandschaft.
„Jede richtige Mama hat einen Rucksack auf dem Rücken“, sagte er und bot sich an, den Koffer zu tragen.
Anna war gerührt, denn sie ahnte nicht, daß Vašek seine Interessen verfolgte. In der Wegbiegung hatte er die nächste Sportlergruppe entdeckt.
Vor Jahren hatte sich Anna geschworen, kein Mensch würde sie je wieder ins Gebirge kriegen. Und jetzt, als sie einen schmalen Waldweg bergauf stiegen, wo kaum noch Verkehr

war, spürte sie, wie sie freier atmete und alle Sorgen von ihr abfielen. In der Tiefe ihrer Seele hatte sie gefürchtet, daß alles sie hier an die Vergangenheit erinnern würde, doch nun stellte sie erleichtert fest, daß dies ganz überflüssige Gedanken gewesen waren. Sie beobachtete die Schneeflocken, die sanft in der Vormittagssonne schwebten, und sie forderte Vašek auf, einen Schritt zuzulegen. Vašek sah, daß seine Mutter lächelte, und er dachte befriedigt, daß sie wirklich sehr hübsch war.

„Mama, warum war Jindřich heute morgen mit einem Blumenstrauß am Bahnhof?"

„Er wollte mir sagen, ich soll mir kein Bein brechen."

Anna lächelte im stillen. Zum erstenmal im Leben hatte sie alles auf eine Karte gesetzt, war entschlossen, bis zum äußersten zu gehen, und ihr war nicht nur gelungen, durchzusetzen, was sie wollte, sondern außerdem tauchte Jindřich plötzlich morgens um halb acht auf dem Bahnsteig auf. Ist das nicht komisch? dachte sie. Wie oft habe ich ihn gebeten, auf ihn eingeredet, und es hat nichts genutzt!

„Gefällt der dir?" hörte sie Vašeks Stimme und schaute nach oben.

Am Waldrand ragte der hölzerne Giebel eines Berghotels über die Baumwipfel. Auf der Nordseite des Daches hatte sich noch eine Schneemütze erhalten. Als sie näher kamen, konnten sie die großen Buchstaben über dem Eingang entziffern: SCHNEEWITTCHEN. Der Holzbau des Hotels stand auf einem steinernen Sockel und hatte zwei große, dem Tal zugewandte Terrassen. Die Buchstaben und der Giebel waren kunstvoll geschnitzt.

„Sehr. Und außerdem wird das ‚Schneewittchen' viel Geld kosten", sagte Anna.

„Ich hab Jindřich gemeint."

Anna sah Vašek verdutzt an. „Was soll das wieder?"

„Mir gefällt er nicht", versicherte Vašek treuherzig.

Anna legte einen Schritt zu, und Vašek mit seinem Rucksack auf dem Rücken und den Skiern auf der Schulter hatte Mühe, um nicht zurückzubleiben.

„Ich wüßte Bessere!" rief er.

Anna blieb stehen und wartete, bis er herangekommen war.

„Vašek, ich warne dich!“ sagte sie drohend.
Vašek nickte beflissen und beteuerte: „Auf mich kannst du dich verlassen!“

Eine Viertelstunde später glitt eine große rotblaue Bommel am Geländer der oberen Terrasse entlang. Dann leuchteten zwischen den Geländerstangen große Kulleraugen auf. Vašek hatte von hier aus einen guten Überblick und nahm sogleich einen Mann aufs Korn, der unten seine Skier mit Wachs einrieb. Er war zwar nicht allzu groß, aber dafür jung und stark, und er hatte breite Schultern und einen Schnurrbart. Vašek witterte eine Gelegenheit und ging unauffällig ans Werk. Er blies den Schnee vom Geländer, aber der Mann drehte sich nicht einmal um. Dann hüpfte Vašek und winkte. Wieder nichts. Deshalb beschloß er die Konversation zu eröffnen, doch noch ehe er rufen konnte „Hallo, ich bin hier!“ ertönte hinter Vašek eine schrille Mädchenstimme:
„Papa! Papa! Ich kann die Skistöcke nicht finden!“
Vašek drehte sich ärgerlich zu dem Mädchen um, das jetzt neben ihm auf der Terrasse stand. Dieses blasse, dürre Ding gehörte zweifellos zu *ihm*! Vašek hatte größte Lust, ihr einen Stoß in den Rücken zu versetzen, doch in einem plötzlichen Anfall von Großzügigkeit stieß er sie nur mit dem Ellbogen an und sagte: „Reg dich ab!“

Anna öffnete den Koffer, aber dann beschloß sie, das Auspacken auf abends zu verschieben. Schade um jede Minute. Sie freute sich auf den Schnee und die Aussicht, eine ganze Woche mit Vašek zusammen verbringen zu können. Ski fahren durfte sie mit ihm zwar nicht, aber bestimmt würden sie sich hier einen Schlitten ausleihen können. Vašek soll tun und lassen, was er will. Auf keinen Fall wird sie zimperlich sein. Sie wird ihn nicht ermahnen, einen Schal umzubinden, und ihm nicht alle naselang die durchnäßten Handschuhe wechseln. Nach dem Mittagessen wird sie sich einen Liegestuhl ausleihen, eine Decke nehmen und sich ein windstilles Eckchen suchen (natürlich wird sie den Platz so auswählen, daß sie Vašek im Blickfeld hat). Nach dem Abendessen genehmigt sie ihm ein Eis, und abends spielen sie Karten oder Mensch ärgere dich nicht. Sie lächelte. Bestimmt gelingt es

ihr, den Hausmeister und Herold aus Vašeks Gedanken zu vertreiben, und voller Erleichterung, daß ihre Qual ein Ende haben würde, trat sie zur Rezeption.
„Frau Bendová?“ fragte der Empfangschef, als er ihr den Personalausweis reichte.
Anna nickte.
Der kräftige, etwa sechzigjährige Mann mit dem rotbraunen Gesicht griff in ein Fach.
„Für Sie ist ein Telegramm eingetroffen.“
Anna kam im ersten Augenblick der Verdacht, das könnte ein Eingriff Jindřichs sein, doch dann schloß sie diesen Gedanken aus. Immer wieder las sie die beiden Sätze des Telegramms, die ihr einfach nicht in den Kopf wollten:
DIENSTAG UND MITTWOCH SPIELPLANÄNDERUNG! BITTE SOFORT DAS SEKRETARIAT ANRUFEN!
Der Empfangschef fragte Anna zweimal, was geschehen sei. Erst dann schrieb sie zwei Telefonnummern auf einen Zettel, sie meldete ein Blitzgespräch an und eins für sieben Uhr abends. Sie beschloß, keine Panik zu machen, solange sie nicht mit Prag gesprochen hatte.
„Vašek!“ rief sie von der Tür aus. „Rühr dich nicht von der Terrasse weg! Und keine Skier, bis ich komme, hörst du!“
Vašek nickte gehorsam, und kaum war seine Mutter in der Hotelhalle verschwunden, beugte er sich wieder über das Geländer, denn unten hatte er schon das nächste Opfer erspäht. Es war ein Skiläufer, auf dem Rücken trug er die Zahl dreißig. Im Unterschied zu Anna, die hoffte, die Gebirgsluft würde Vašek alle Flausen vertreiben, freute er sich, daß sich die Zahl der möglichen Heiratskandidaten an der frischen Luft ungeahnt vergrößert hatte. Er zögerte nicht und schnallte sich die Skier an, denn er wollte keine Zeit verlieren.
Bei der Abfahrt entdeckte er nicht nur seinen Skiläufer, sondern außerdem ein Mädchen. Und wenn es nur das gewesen wäre! Sie standen nebeneinander auf ihren Skiern und knutschten sich!
„Was glotzt du, Kleiner?“ fragte der Skifahrer mit der Nummer dreißig.
„Los, verzieh dich“, drängte ungeduldig das große Mädchen mit der Zahl neunzehn und zeigte ihm, wo es lang ging.

Hatte er es verdient, daß ihn jemand so abfertigte? Also das nicht! Vašek setzte die Skibrille auf, stieß sich mit den Stökken ab und fuhr los. Die Spur führte ihn hinunter zum Wald, der scharfe Fahrtwind peitschte sein Gesicht, aber das war angenehm, und sein Herz schlug schneller bei der rasanten Fahrt. Sobald ich am Wald angekommen bin, kehre ich zum Hotel zurück, nahm sich Vašek vor, denn das Verbot seiner Mutter hatte er nicht vergessen. Aber im Wald taugten alle guten Vorsätze nichts mehr.

Die Spur war vereist, und Vašek hatte Mühe, sich auf den Beinen zu halten. Er wurde immer schneller, und nach der dritten Biegung landete er auf einer Wiese, auf der es von Menschen wimmelte.

„Achtung! Ich komme!“ schrie er aus vollem Hals, denn er konnte nicht anhalten. Er jagte in Schußfahrt bergab, durchquerte drei Mulden, geriet dreimal ins Straucheln und balancierte es wieder aus, und dann verschwand er hinter einem Hügel, der steil an einem hohen Wald abfiel. Mit entsetzt aufgerissenen Augen schoß er bergab und glaubte fest, daß diese Wahnsinnsfahrt irgendwo enden mußte.

Sie endete: unten im Bach.

Zuvor zischte er jedoch über eine Straße, genau vor der Nase eines Mannes, der gerade ahnungslos mit einem Schneeskooter die Straße entlangfuhr.

Als er den Jungen den Hang hinabjagen sah, war es zu spät. Er riß den Lenker herum und landete in einer Schneewehe. Eine Schneewolke wirbelte auf. Der Motor heulte auf vollen Touren. Der Mann ließ den umgestürzten Roller liegen und war mit einem Sprung auf der Straße. Wo war der Junge?

Dann entdeckte er ihn.

8

Vašek lag bäuchlings im Bach, stützte sich mit aller Kraft auf einen Stein, aber aufstehen konnte er nicht. Da spürte er, daß eine kräftige Hand seine Hosen packte und ihn hochzog.

„Bist du okay?“
Vašek nickte. Der Mann hatte eine angenehm tiefe Stimme. Sehen konnte ihn Vašek nicht, denn er hing immer noch in der Luft. Er schlotterte vor Angst und Kälte und hatte nicht die geringste Sehnsucht danach, diese unerwartete Bekanntschaft zu vertiefen.
„Und die Beine?“ fragte ihn der Mann streng.
„Verfitzt“, piepste Vašek kleinlaut.
Die Skier ohne Sicherheitsbindung waren fest am Schuh geblieben, und solch halsbrecherischen Stürze endeten oft im Krankenhaus. Als der Mann feststellte, daß es nicht nach einem Beinbruch aussah, wartete er, bis der Junge seine Skier entwirrt hatte und ließ ihn herunter.
„Wenn ich dein Vater wäre, würde ich dir den Hintern versohlen, daß du eine Woche nicht sitzen kannst!“ schnauzte er Vašek an.
Vašek zitterten das Kinn und die Knie, doch er weinte nicht. Von seinen Handschuhen tropfte Wasser, auch die Hosen und der Anorak waren durchnäßt, und am Mützenrand gefroren die Wassertropfen zu Eisklümpchen.
„Von wo bist du?“
„Vom ‚Schneewittchen‘“ flüsterte Vašek und wagte es immer noch nicht, diesem erbosten Mann ins Gesicht zu sehen.
„Nicht zu fassen!“ stieß der mit rauher Stimme hervor, und er hielt Ausschau nach oben zum Wald, von wo dieser Unglücksrabe soeben heruntergerast war. Aber niemand tauchte auf, der den Knirps vermißt hätte.
„Mit wem bist du hier?“ fragte er und knöpfte seinen alten abgewetzten Mantel auf, unter dem er einen orangefarbenen Anorak trug. „Kannst du nicht den Mund aufmachen?“ fauchte er den Jungen an. „Bist du mit der Schule hier?“
Vašek stand mit weit aufgerissenen Augen vor dem Mann und starrte ihn in stummer Bewunderung an: Er hatte ein windgegerbtes Gesicht und durchdringende, weit voneinander stehende Augen. Seine Schultern waren nicht allzu breit, und er war nicht sehr groß, aber er war stark, und auf dem Ärmel des orangefarbenen Anoraks trug er das Emblem des Bergdienstes.
„Also mit wem bist du denn nun hier?“
„Na mit Mama!“ stieß Vašek endlich hervor, und seine Au-

gen leuchteten hoffnungsvoll auf, denn eine innere Stimme sagte ihm, daß er für seine Mutter keinen besseren Bräutigam finden konnte. Dieser Mann war nämlich von Beruf Retter!

Draußen war es schon dunkel, und Vašek fiel nicht auf, daß seine Mutter noch nicht einmal den Koffer ausgepackt hatte. In Gedanken war er ständig unten am Bach, wo ihn der Mann in einen wattierten Anorak des Bergdienstes gesteckt, die Kapuze verschnürt und dann auf den Skooter gesetzt hatte. Während der Fahrt hatte sich Vašek an ihn geschmiegt, und noch jetzt spürte er, wie schön es gewesen war, als er sich mit beiden Armen an ihm festgehalten hatte. Seine Freude wurde lediglich von dem Bewußtsein getrübt, daß er die entscheidende Frage nicht geklärt hatte.
Auf dem Waldweg, der zum Hotel hinunterführte, hatte der Mann angehalten. Mit dem beruhigenden Gedanken, daß sie sich am Abend wiedersehen würden, rannte Vašek zum Hotel, und erst im letzten Augenblick fiel ihm ein, daß er das Wichtigste nicht wußte. Er blieb abrupt stehen, ließ die Skier

in den Schnee fallen und schrie lauthals: „Hallo, Sie! Sind Sie verheiratet?“
Aber der Schneeskooter war schon in einer Biegung verschwunden. Die einzige, die sein Rufen gehört haben konnte, war Mama! Vašek schaute beunruhigt nach oben; doch die Fenster waren alle geschlossen.

Vašek beschloß, sich die Freude nicht mit überflüssigen Zweifeln zu vergällen und nichts dem Zufall zu überlassen. Er öffnete Annas Koffer, schob vorsichtig die sorgfältig zusammengelegten Wäschestücke beiseite, und schließlich fand er, was er gesucht hatte. Mit einem Ruck zog er einen dünnen Pullover heraus und wirbelte alles durcheinander.
„Dieser Pulli ist mächtig schick. Du siehst toll aus damit", sagte er mit einem einschmeichelnden Lächeln, als er ins Zimmer trat.
Anna zog die Schnur des Elektrokochers aus der Steckdose, und sie mußte sich mächtig zusammenreißen, damit Vašek nicht merkte, wie bedrückt sie war. Mittags hatte sie mit der Sekretärin des Theaters gesprochen. Nach der Spielplanänderung stand zwei Tage hintereinander „Giselle" auf dem Programm, wo es keine zweite Besetzung gab, und somit mußte sie die letzte Hoffnung begraben. Sie konnte sich auch des Gefühls nicht erwehren, daß bei dem Telefongespräch am Abend ebenfalls nichts Gutes herauskommen würde.
„Wieso bist du noch nicht im Schlafanzug?" fragte sie Vašek und sah prüfend zur Uhr.
„Soll ich etwa im Schlafanzug zum Abendessen runtergehen?"
„Wir essen hier Abendbrot", sagte Anna und nahm ihm den Pulli aus der Hand.
Erst jetzt kriegte Vašek mit, daß der kleine Tisch am Fenster gedeckt war.
„Ich werde doch die belegten Brote nicht in den Müll werfen!" erklärte ihm Anna.
Eine Katastrophe bahnte sich an.
„Mama, Mamilein, ich will ins Restaurant!" bettelte Vašek inbrünstig. „Wenigstens ein Eis essen", quengelte er, und als er keine Antwort bekam, sprang er auf die Couch und fiel seiner Mutter gerade in dem Augenblick um den Hals, als sie das kochende Wasser aus dem Topf in ein Glas mit einem Teebeutel goß.
„Laß mich los!" schrie Anna, und als sie den Topf auf dem marmornen Fensterbrett abgestellt hatte, sagte sie resolut: „Schau mal, du hast heute einiges auf dem Kerbholz, und ich warte auf ein Ferngespräch!"

Vašek erinnerte sich, daß sie mit geschlossenen Augen auf dem Sofa gelegen hatte, als er mittags zurückgekommen war. Er hatte gedacht, sie schlafe.
Und wenn sie nun nicht geschlafen hat, wenn sie ihn nun durch das geschlossene Fenster hindurch gehört hat? Was konnte sie sonst meinen? Nach einigem Grübeln fand er heraus, daß er sich noch mehr hatte zuschulden kommen lassen, was ihn ungemein erleichterte, und deshalb wagte er zu betteln: „Aber Mama! Ich hab's versprochen! Er wird unten auf mich warten!"
„Wer?"
„Mein Freund."
Vašek beobachtete, wie seine Mutter die Handtasche vom Nachttisch nahm und ins Portemonnaie sah. Nein! Sie hat nichts gehört, frohlockte er. Um so mehr erschütterte ihn die Entscheidung, die Anna so nachdrücklich aussprach, daß kein Einwand möglich schien: „Du rührst dich keinen Schritt aus dem Zimmer, verstehst du?"
Vašek wartete, bis die Tür hinter seiner Mutter zugeschlagen war, dann lief er in den Vorraum und öffnete den Schrank. Aus dem untersten Schubfach zog er einen grellorangenen Anorak ans Licht.

9

Während Vašek mit dem Anorak im Arm auf dem Boden des Vorraums saß und mit sich zu Rate ging, wie er den Freund behalten konnte, den er noch nicht einmal richtig gewonnen hatte, betrat Luboš Rychman die Hotelhalle. Auf dem Abtreter klopfte er sich die Bergschuhe sauber, nahm die Mütze ab und öffnete den Reißverschluß der abgewetzten Kutte.
Draußen zog dichter Nebel auf, und das beunruhigte Luboš. Heute abend wollte er die Tetřevky-Baude aufsuchen, wo schon seit drei Tagen das Telefon gestört war und der Verwalter und seine Frau von der Außenwelt abgeschlossen waren. Er durchquerte den Speiseraum, schaute in die Snackbar, und als er den Junge weder im Aufenthalts- noch im

Fernsehraum fand, verlor er allmählich die Geduld. Die Einladung der stattlichen Hotelchefin zu einem Gläschen lehnte er ab, und der Serviererin mit der Stupsnase und dem hautengen Rock versprach er, auf dem Rückweg hereinzuschauen und den Rehbraten mit Sahnesoße zu probieren.
Er ärgerte sich, daß er den Jungen nicht einmal nach seinem Namen gefragt hatte, und wollte zur Rezeption, um festzustellen, wer heute morgen angekommen sei. Doch auf halbem Wege hielt er inne:
Sie stieg die Eichentreppe in die Halle hinunter, trug einen karierten Rock und einen hellen melierten Pullover. Sie war auffallend ernst und nachdenklich und schien nur für den abgetretenen dunkelgrünen Plüschteppich Interesse zu haben. So ging sie mit gesenkten Augen an ihm vorüber, ohne ihn zu bemerken.
Luboš glaubte schon, er habe sich geirrt, dennoch rief er ihr nach: „Anna!"
Sie blieb stehen und wandte sich um.
Luboš war noch immer unsicher, ob ihr fragendes Gesicht Erstaunen über die unverhoffte Begegnung widerspiegelte oder nur bestätigte, daß er sich geirrt hatte, weil die Ähnlichkeit zu groß war.
„Anna, dich hätte ich beinahe nicht wiedererkannt", sagte Luboš und ging ihr einen Schritt entgegen; als ihre Augen sich trafen, war er sicher, daß sie es war.
Auch Anna hatte ihn erkannt: das breite Lächeln, die schmalen dunklen Augen, ein bißchen weit auseinanderstehend, auch der Gang mit den tief in die Taschen versenkten Händen kam ihr vertraut vor. Und doch hatte sie das Gefühl, daß ein anderer vor ihr stand.
„Du erinnerst dich nicht mehr an mich, stimmt's?" fragte er verunsichert.
„Ich ..., ich ..., also ich warte nämlich hier."
Anna stammelte vor Aufregung und wandte sich erleichtert der Rezeption zu, von wo eine erlösende Stimme rief:
„Prag ist dran! Gehen Sie in die Kabine!"
Anna entschuldigte sich mit einem scheuen Lächeln, und als sie durch die Halle ging, spürte sie Luboš' Blick in ihrem Rücken. Aufatmend zog sie hinter sich die schwere Eichentür der Telefonkabine zu.

„Nein, das Telegramm hat nicht Jindřich geschickt, sondern das Sekretariat!“ Anna nahm den Hörer nervös von einer Hand in die andere. „Ich hab mittags im Theater angerufen. Bist du noch dran?“
Die Stimme der Telefonzentrale unterbrach das Gespräch. Anna hatte sich den ganzen Vormittag auf das Schlimmste gefaßt gemacht – daß die Mutter ihre Bitte abschlagen würde, und jetzt sah es so aus, daß gar kein Gespräch zustande kam. Die Kabine war innen gepolstert und nur von dem flackernden Licht einer schwachen Glühbirne erhellt. Es dauerte eine Ewigkeit, bis Anna am anderen Ende der Leitung wieder die bekannte Stimme vernahm: „Wer ist krank geworden?“
„Aber Mama! Das ist doch egal! Eine Spielplanänderung im Theater. Morgen und übermorgen hab ich Vorstellung. Ich muß zurück nach Prag, und ich weiß nicht, wie ich das Vašek beibringen soll. Es geht nur um zwei Tage. Am Donnerstagmittag bin ich schon wieder hier, wenn du frei nehmen und herkommen könntest ..., du hast doch gesagt, für zwei Tage ist das kein Problem!“
Anna sprach hastig, als fürchtete sie, auf eine ablehnende Antwort zu stoßen, noch ehe sie alles erklärt hatte.
„Ich kann Vašek die Freude nicht verderben! Er sieht es nicht ein, wenn wir zurück in die Stadt müssen!“
Eine Weile war es still, und Anna schienen die Sekunden, bis die Mutter antwortete, länger als eine Ewigkeit zu sein. Als sie die vernünftigen Gründe hörte, die es Eva nicht erlaubten, so kurzfristig im Krankenhaus frei zu nehmen, sagte sie sachlich „Da kann man nichts machen“ und legte auf.

„Was hab ich zu zahlen?“ fragte Anna in der Rezeption.
„Einen Moment. Ich ruf die Post an.“ Der Empfangschef musterte sie neugierig und ging ins Büro.
Im Spiegel an der Säule konnte man die Halle mit der Eichenholztäfelung und den hellgrünen Tapeten und die dunkelbraune Sitzgarnitur aus Kunstleder neben der Treppe überblicken. Anna sah, wie Luboš aus einem Sessel aufstand, die Zeitung weglegte und ohne Hast die Halle durchquerte. Zwei Schritt hinter ihr blieb er stehen.
„Vor wieviel Jahren haben wir uns eigentlich kennengelernt,

Anna?“ Sie spürte seinen Blick und hatte nicht die Kraft, sich umzudrehen. (Herrgott, mir zittern doch nicht etwa die Knie!)
„Machst du hier Urlaub? Arbeitest du wieder als Skilehrer?“ fragte sie und trat ein paar Schritte beiseite, als fürchte sie, das Rezeptionspult könne ihr die Möglichkeit zum Rückzug nehmen.
Luboš gefielen ihre Verlegenheit und ihr unsicheres Lächeln, sie hatte sich überhaupt nicht verändert.
„Nein. Ich bin hier seßhaft geworden“, antwortete er. „Schon sieben Jahre arbeite ich beim Bergrettungsdienst.“
Anna hatte ihre Fassung wiedergefunden. „Hier im Hotel?“ fragte sie betont gleichgültig.
Luboš lächelte. „Hier hab ich eine Verabredung. Mit einem Jungen!“
Anna atmete erleichtert auf und fragte verwundert: „Mit einem Jungen?“
„Ich weiß nicht mal, wie er heißt“, sagte er und sah Anna in die Augen, als könne er es noch immer nicht glauben, daß sie ihm gegenüberstand. „Ich hab ihm versprochen, abends hier mit ihm ein Eis zu essen, und plötzlich läufst du mir über den Weg!“
Anna errötete leicht und versuchte das Thema zu wechseln. „Du machst Fortschritte! Statt Mädchen zum Wein lädst du Jungs zum Eis ein!“
„Der ist doch so ein Dreikäsehoch.“ Luboš lächelte.
Anna durchfuhr es siedendheiß. So etwas gibt es gar nicht! Um ihre Verwirrung zu überspielen, senkte sie den Kopf und wühlte in ihrer Handtasche.
„Also das ist vielleicht ’ne Marke“, erzählte Luboš amüsiert. „Er hat gesagt, seine Mutter tanzt furchtbar gern, und er bringt sie heute abend mit.“
Annas Herz klopfte zum Zerspringen. Sie spürte, wie ihr der kalte Schweiß den Rücken herunterlief. Diesmal war das Maß endgültig voll! (Ich muß mich beherrschen. Ich muß wenigstens noch ein kleines Weilchen aushalten!) Als sie den Kopf hob, lächelte sie unverbindlich.
„Warum erzählst du mir das?“
„Du hast mich doch gefragt, was ich hier mache.“
Anna beruhigte sich, Luboš ahnte nichts. „Vielleicht sehen

wir uns noch mal“, sagte sie mit einem freundlichen Lächeln und gab ihm zum Abschied die Hand.

„Das würde mich freuen“, antwortete Luboš. In diesem Augenblick tauchte auf der Eichentreppe Vašek auf; er war im Schlafanzug, hatte eine Pudelmütze auf dem Kopf und schwenkte den orangefarbenen Anorak. Zunächst begriff Luboš nicht, was die Signale bedeuten, die der Junge zu ihm aussandte. Doch dann ging ihm ein Licht auf: Anna, die ihm gegenüberstand, und dieser Junge gehörten zusammen!

„Nun geh schon“, sagte sie sanft. „Damit ihm das Warten in der Bar nicht zu lang wird.“

„Er wartet nicht in der Bar“, versicherte ihr Luboš, „er linst da hinter dem Kaktus vor.“

Anna drehte sich mit einem Ruck um und errötete bis an die Haarwurzeln. „Vašek! Komm her!“

Sie ging ihm entgegen. Luboš folgte ihr und flüsterte ihr vergnügt zu: „Dein Junge gefällt mir.“

„Was ist das?“ fragte Anna streng und zeigte auf das orangefarbene Knäuel in Vašeks Armen.

„Das ist ein Anorak“, antwortete Luboš schnell und gab Vašek hinter Annas Rücken zu verstehen, er solle die Angelegenheit nicht ausführlich erörtern.

Vašek nickte Luboš höchst auffällig zu, und als er Anna umständlich versicherte, das sei wirklich ein Anorak, verlor Anna den letzten Rest Geduld.

„Verabschiede dich und geh schlafen“, forderte sie entschieden.

Luboš sah ihnen nach, wie sie die Treppe hinaufgingen. Anna hielt Vašek am Handgelenk fest, und der drehte sich um und winkte Luboš verschwörerisch zu, so wie Leute einander zuwinken, die unter einer Decke stecken. Luboš winkte Vašek ebenfalls zu, mit weit größerem Interesse sah er jedoch Anna nach.

„Wer hatte das Ferngespräch nach Prag?“ meldete sich die Stimme des Empfangschefs und beendete die stumme Szene!

Die schöne Hoffnung, die Vašeks kindliche Seele erwärmte, verlosch, als er nach Anna das Zimmer betrat und munter fragte: „Also?“

Wenn seine Mutter ihn angeschrien, wenn sie ihm eine Tracht Prügel verpaßt hätte, ein paar Ohrfeigen, alles hätte er ertragen. Aber Anna ging wortlos ins Bad und schloß sich ein.

„Mama! Mamilein! Ich hab nichts gesagt! Glaub mir, wirklich nicht!" rief Vašek, und je länger die Mutter eingeschlossen war, desto lauter rief er und rüttelte an der Klinke.

Anna saß im Bad auf dem Fußboden. Der Schock stellte sich erst jetzt ein. Nur aus weiter Ferne nahm sie wahr, wie Vašek an die Tür trommelte.

„Mama! Mami, mach auf!" Seine Stimme klang weinerlich.

Als Anna aus dem Bad kam, war sie kreidebleich. „Vašek, du raubst mir noch mal den letzten Nerv."

Vašek starrte seine Mutter verständnislos an, sie schrie ja nicht einmal.

„Was hast du ihm eigentlich alles erzählt?"

„Bloß, daß wir hier wohnen. Im ‚Schneewittchen'", beteuerte Vašek.

„Und daß er kommen soll! Stimmt's?"

Vašek nickte schuldbewußt. Anna seufzte tief und öffnete die Zimmertür. Vašek stürmte ihr nach, ergriff ihren Pullover und hangelte sich an ihr hoch, um sie zu umarmen.

„Damit du ihn dir ansiehst", gestand er zerknirscht. „Ich hab mir gedacht ..."

„Was?" fragte Anna niedergeschlagen und setzte sich auf das Bett.

Vašek kletterte ihr auf den Schoß. „Wenn er dir gefällt, könnten wir uns anfreunden. Weiter nichts."

Anna umarmte ihn und drückte ihn an sich. Vašek schwieg wohlweislich, denn er kannte sich aus und wußte, wenn Mama ihn so an sich preßte, hatte er gewonnen.

„Pack deine Sachen zusammen", sagte Anna leise.

Vašek schlug verdutzt die Augen auf, und die nächsten Worte versetzten ihm einen Schlag: „Wir fahren nach Hause. Morgen!"

10

Bis spät in der Nacht konnte Vašek nicht einschlafen, seine Augen brannten unter den Lidern, aber er hatte sich vorgenommen, nicht mehr zu jammern. Am Abend hatte er eine ganze Stunde geweint, die Mutter gebettelt, aber es hatte nichts genutzt. Er mußte etwas unternehmen. Aber was?

Als er die Augen öffnete, sah er, wie sich Mama in einem langen weißen Kleid über ihn beugte, und hinter ihr stand ein Mann in einem schwarzen Anzug mit Krawatte. Sein Gesicht war im Schatten, und erst als er sprach, erkannte Vašek an der Stimme, daß ER das war.

„Laß ihn schlafen", flüsterte er und legte die abgetragene graugrüne Kutte über Mamas weiße Schultern.

„Nein. Wir müssen ihm sagen, daß wir ins Theater gehen. Wenn er aufwacht und uns nirgends findet, hat er Angst."

„Er wird gar nicht merken, daß wir weggegangen sind. Morgen früh bekommt er einen Zitronenpudding mit Schlagsahne und eine Schokoladenbanane."

Vašek hörte, wie sie sich entfernten, und ihr leises Lachen verursachte ihm Freude und Kummer zugleich. Es war gut, daß ER zu Mama gekommen war, aber auf der anderen Seite wunderte sich Vašek, daß Mama so einfach mitgegangen war. Die Tür klappte, und Vašek setzte sich mit einem Ruck auf. Er rieb sich die Augen.

Anna lag in ihrem warmen Flanellnachthemd im Bett und atmete gleichmäßig, dann drehte sie sich unruhig auf die andere Seite.

Die Uhr auf dem Nachttisch zeigte halb vier. Da hörte Vašek wieder das Geräusch, das ihn geweckt hatte. Der Wind rüttelte an einem losen Fensterladen.

Vašek glitt lautlos aus dem Bett, schaltete die kleine Lampe an und warf seine roten Turnhosen über den Lampenschirm. Aus dem Rucksack nahm er einen Block und einen Stift und begann zu schreiben.

Liebe Mama!

Ich muß hierbleiben. Es ist stärker als ich. Ich bin wie geschaffen fürs Gebirge. Kraft, Verstand, Geschicklichkeit, das bin ich. Such mich nicht! Komm am Donnerstag zurück! Ich hole Dich vom Bahnhof ab, wenn Du mir Bescheid gibst, wann Du kommst! Ich kümmere mich selbst. Du weißt doch, ich bin ein richtiger erfahrener Sohn.

Dein lieber Vašek.

Unten fügte er noch hinzu: Bring Schokoladenbananen mit.

Dann schob er den Block unter das Kopfkissen, zog ein Hemd und die Strumpfhosen an und wartete, bis es hell wurde.

Am Morgen war Anna früher wach als Vašek. Sie weckte ihn, damit er noch ein bißchen den Schnee genießen konnte, denn spätestens um halb elf mußten sie hinunter zum Bahnhof gehen. Vašek überlegte fieberhaft. An eine Flucht war nicht zu denken! Den Rucksack konnte er auch nicht nehmen, und frühstücken mußte er, sonst würde Mama bestimmt Verdacht schöpfen. Er durfte sich nicht verraten!
Die zwei frischen knusprigen Hörnchen mit Butter und die zwei Eier im Glas kamen Vašek außerordentlich gelegen. Als das letzte Hörnchen mit Honig verdrückt war, verabschiedete er sich von seiner Mutter insgeheim mit einem zärtlichen Blick und lauerte nur noch auf einen geeigneten Augenblick zur Flucht. Endlich zog Mama das Portemonnaie heraus und hielt nach der Serviererin Ausschau.
„Ich geh schon los“, rief Vašek mit vollem Mund.
„Aber verschwinde nicht wieder! Du bleibst auf dem Hang vor der Baude, ist das klar!“
Vašek nickte beflissen. An der Tür sah er sich noch einmal um und warf seiner Mama einen letzten Blick zum Abschied zu. Mit heftig klopfendem Herzen legte er im Zimmer seine Nachricht auf das Kopfkissen und brach auf.

Er hatte sich vorgenommen, rechtzeitig zu bremsen, aber das war nicht nötig. Auf dem Waldweg pappte der Schnee an den Skiern, und den Hang am Wald erkannte Vašek nicht wieder. Um diese Zeit war keine Menschenseele hier. Die gestern noch festgefahrene Wiese war mit Neuschnee bedeckt, und weiter unten verschwand sie in dichtem Nebel. Vašek versank im lockeren Schnee und stieß sich mit aller Kraft mit den Armen ab. Der Wind wirbelte eine Wolke Pulverschnee auf und trieb ihn über den Hang. Vašek wurde unruhig und sah sich ängstlich um. Von Rückkehr konnte keine Rede sein. Oben verlor sich der Wald in weißem Nebel, und die Bäume über der Schlucht, an denen entlang er gestern in den Bach gefahren war, sah er auch nicht. Er spürte, wie die Angst ihn umklammerte und Tränen in seinen Augen brannten. Und dann geschah es. Vašek versteinerte vor Schreck. Zuerst näherte sich ein ohrenbetäubender Donner, dann wirbelte eine gewaltige Schneewolke auf, schoß wie ein Geysir bis zu drei Metern hoch und fiel mit Getöse wieder zusammen. Der Schnee explodiert! dachte Vašek entsetzt und hielt den Atem an, kauerte sich nieder und wartete. Doch das Geräusch entfernte sich langsam, und als Vašek die Augen öffnete, sah er unten eine vom Schneepflug geräumte Straße.
Nach zehn Minuten verbissenen Kampfes mit dem tiefen Schnee befand sich Vašek auf dem Weg. Er fühlte sich wieder sicher. Den Bach und die Stelle, wo er gestern dem Mann begegnet war, erkannte er wieder. Jetzt lief es sich leicht, der vom Schneepflug geschaffene Weg war fest und fiel nur leicht ab. Vašek wußte nicht, wieviel Kilometer er gelaufen war, ihm war, als sei er schon eine ganze Ewigkeit unterwegs. Er zog einen kleinen Apfel aus der Tasche, um sich zu stärken. In diesem Augenblick entdeckte er einen verwehten Wegweiser mit holzgeschnitzten Schildern. Er war fast am Ziel! Nur noch einen halben Kilometer und den Steg über den Bach mußte er schaffen!
Als er bei der Baude anlangte, spürte er seine Füße nicht mehr, seine Hände froren in den gestrickten nassen Fausthandschuhen.
Aus dem Schornstein der Baude stieg Rauch, und unter dem Giebel war ein Emblem mit der Inschrift: BERGDIENST.

Vašek stürmte in den Flur. Der plötzliche Übergang vom Licht in die Dunkelheit ließ ihn für einen Augenblick erblinden. Er stolperte über einen kanadischen Schlitten, und im gleichen Moment rasselte eine Reihe an die Wand gelehnte Skier mit Getöse zu Boden.
„Was ist da draußen für ein Radau?"
Vašek erkannte sofort SEINE Stimme! Sie kam aus dem Nebenraum, aus dem durch die angelehnte Tür ein Lichtstreifen drang. Im Halbdunkel des Flurs entdeckte Vašek Eispikkel und aufgewickelte Seile, die auf groben Holzregalen lagen. Dann erblickte er ihn: Luboš saß auf einer Tischecke, über seinem karierten Hemd trug er einen roten Pullover mit einem Abzeichen in der Mitte, an den Füßen hatte er rote Wollkniestrümpfe und Hausschuhe, in der Hand einen Telefonhörer. Er hob die Augen von einem Bogen Papier, ohne mit dem Diktieren aufzuhören:
„Lučni 125 Alt-, 30 Neuschnee, Vrbatov-Bauden 95 Alt-, 25 Neuschnee, Obři důl Lawinengefahr."
Luboš sah den Jungen erwartungsvoll an und nannte noch einige Orte, die aufgrund des plötzlichen Wetterumschwungs nicht betreten werden durften.
Der Junge traute sich nicht über die Schwelle. Er schien noch immer außer Atem zu sein, und von den Fausthandschuhen, die er in den Händen knüllte, tropfte Wasser auf den Fußboden.
„Also was gibt's?" fragte Luboš, als er den Hörer aufgelegt hatte. Ehe er sich auf einen Stuhl setzen konnte, klingelte das Telefon wieder. Er griff automatisch nach dem Hörer.
„Ich ..., ich bin gekommen", stammelte Vašek zu seinem eigenen Entsetzen, „ich will nicht mit Mama ..., ich will nicht nach Hause ..., laß mich hier bei dir bleiben!"
Luboš zog verblüfft die Augenbrauen hoch und musterte den Jungen mit einem forschenden Blick. Der löste sich langsam von der Tür und lief bis zur Tischecke. An der Tür hinterließ er eine kleine Pfütze.
„Du hättest überhaupt keine Arbeit mit mir. Ich kümmere mich selbst. Ich fege, mache die Betten, wasche ..., bitte, laß mich hierbleiben ..."
„Ja, natürlich, wenn es wärmer wird!" rief Luboš laut und deutlich ins Telefon. „Das Verbot, die Bergkämme zu bestei-

gen, gilt seit heute morgen!“

Er legte den Hörer auf und fuhr den Jungen an: „Und du? Was ist passiert?“

„Mama hat verboten, darüber zu sprechen.“

„Worüber?“

„Daß wir mittags nach Hause fahren. Mama sagt, wir kommen noch mal hierher zurück.“ Vašek holte tief Luft. „Aber das stimmt nicht!“ Dann hielt er es nicht mehr aus, der krampfhafte Versuch, nicht zu weinen, endete mit heftigem Schluchzen. „Ich kenne sie, wir kommen nicht wieder zurück!“

Vom Flur her näherten sich Schritte, und ein kleiner, runzliger Mann steckte seinen Kopf zur Tür herein. „Auf dem Medvědín hängt ein Schneepflug fest.“

„Darüber freu ich mich schon eine halbe Stunde“ antwortete Luboš, schleuderte die Hausschuhe von den Füßen und angelte seine Schuhe unter der Liege hervor.

„Was macht der Junge hier?“ fragte der kleine Mann.

Vašek stand an der Tischecke und wischte sich mit dem Ärmel über die nassen Augen.

„Das ist ein Zwerg von ‚Schneewittchen‘.“

Der Mann drehte sich um, und Vašek stellte voller Erstaunen fest, daß auch unter seinem Anorak das Abzeichen des Bergdienstes auf der Brust prangte. Der Mann nahm die Wettermeldung vom Tisch. Er fragte nichts mehr, und als er wegging, rief Luboš ihm nach:

„Sag Karel, er soll die Jungs für zwei Uhr zusammentrommeln. Wir treffen uns oben. Ich komm direkt hin.“

Vašek bückte sich nach den Hausschuhen und stellte sie ordentlich unter die Liege. Er blieb auf den Knien liegen und heftete seine runden Augen auf Luboš.

„Und ich?“

„Weißt du was“, sagte Luboš mit ernster Miene, während er seine Langlaufstiefel schnürte, „ein richtiger Mann bettelt nie, merk dir das!“

„Verdrück dich in den Skiraum! Und laß dich nicht blikken!“ sagte Luboš zu Vašek, als sie am Hotel ankamen.

Vašek wollte widersprechen, aber dann fiel ihm sein Brief ein, und da er nicht sicher war, was für einen Eindruck der

auf seine Mutter gemacht hatte, verzog er sich lieber.
Vašek stellte sich vor, wie sie in lautes Weinen ausgebrochen war, als sie gelesen hatte, daß ihr einziger Sohn sie verlassen hatte. Jetzt würde sie ihn vor lauter Freude in ihren Armen fast zerdrücken. Sicherheitshalber öffnete Vašek die Tür zur Halle einen Spalt, damit er hören konnte, was sich abspielen würde.
Luboš fragte an der Rezeption nach der Zimmernummer, aber das hatte sich schon erübrigt. Anna kam über die Eichentreppe in die Halle, in einer Hand den Koffer, in der anderen einen kleinen Rucksack. Ihr Pelzmantel war geöffnet, und auf ihrer Stirn standen Sorgenfalten.
„Wenn es dir hilft, kannst du den Jungen bei mir lassen", sagte Luboš. Er bemerkte, daß von der zauberhaften Verlegenheit des gestrigen Abends nicht die Spur geblieben war.
„Wo ist er?" fragte Anna streng und blieb mitten in der leeren Halle stehen.
Luboš nahm ihr den Koffer aus der Hand. Er hatte keinen blassen Schimmer, weder von Vašeks nächtlicher Stilübung noch von der Verfassung, in der Anna den heutigen Vormittag verbracht hatte.
„Es gibt Dinge zwischen Himmel und Erde, von denen eine Frau keine Ahnung hat", fuhr der Retter mit beruhigender Stimme fort und war überzeugt, daß seine Bemühungen nicht vergeblich sein würden.
„Was weißt du von ihm?" unterbrach ihn Anna so laut, daß auch Vašek es hörte, und ihm war plötzlich sonnenklar, daß von Freudentaumel keine Rede sein konnte.
„Es ist ein Schlag für ihn. Kaum ist er angekommen, muß er schon wieder zurück in die Stadt."
„Er wird es überleben", sagte Anna. „Ich hab endgültig die Nase voll!"
Vašeks Nachricht hatte wirklich Eindruck auf Anna gemacht, aber wie sich zeigte, keinen günstigen. Mindestens dreimal im Laufe des Vormittags unterlag sie fast dem Drang, Vašek als vermißt zu melden, aber da sie stets auf diese Weise mit dem Bergdienst in Berührung gekommen wäre, unterdrückte sie diesen Gedanken und hoffte, daß Vašek von allein wieder auftauchen würde.

Luboš ahnte nicht, wie qualvoll sich für Anna die Minuten hinzogen und wie bedenklich sich der kritische Punkt näherte, an dem sie die Beherrschung verlor.
„Ich nehme Vašek einfach die zwei Tage unter meine Fittiche", erklärte er kurz und bündig und mit einem munteren Lächeln im Gesicht.
„Ich wüßte nicht, warum."
„Wir hatten nicht mal Zeit, miteinander zu reden." Er nahm ihr die Zimmerschlüssel aus der Hand und lächelte sie bedeutungsvoll an, so daß kein Zweifel bestehen konnte, woran er dachte.
„So bin ich sicher, daß du zurückkommst."
„Kannst du dich überhaupt um ein Kind kümmern?"
Luboš wunderte sich über die Selbstsicherheit, mit der sie ihm in die Augen sah. Das war nicht mehr das junge Mädchen, das er vor vielen Jahren kennengelernt hatte. Um so mehr wuchs sein Interesse für sie.
„Auf mich kannst du dich verlassen", versicherte er großspurig.
Plötzlich verschwand aus Annas Gesicht alle Härte. Auf ihrer Stirn erschien eine flache Falte und in den Augen Traurigkeit, die Luboš nicht verstand.
„Gerade dessen bin ich mir nicht so sicher", sagte sie leise, und in ihrer Stimme schwang Ablehnung.
Luboš' bemächtigte sich schon zum zweitenmal das merkwürdige Gefühl, daß ein ganz anderer Mensch vor ihm stand, nicht nur anders als vor Jahren, sondern auch als gestern und sogar vor einer Minute. Zum erstenmal bedauerte er wirklich, daß er Anna nie wieder sehen würde. Er legte den Schlüssel in ihre Handfläche und ging auf die Tür zu.
In dem Augenblick, als er die Pendeltür öffnete, gab es einen Knall.
Vašek war aus dem Skiraum hereingestürmt, und dabei war ihm der dunkelgrüne Läufer unter den Füßen weggerutscht, so daß der Junge in voller Länge auf das Parkett segelte. Er sprang schnell auf, um seiner Mutter zu entwischen, und wollte zu Luboš laufen. Doch Anna vertrat ihm den Weg und packte ihn fest am Arm.
Vašek schien die Sprache verloren zu haben, er gab keinen Laut von sich, versuchte nur verzweifelt, sich dem festen

Griff der Mutter zu entwinden. Dabei sandte er flehende Blicke zu Luboš, und seine Augen füllten sich mit Tränen.
Luboš war überrascht, was für Kraft Anna hatte, und er konnte beim besten Willen nicht begreifen, warum sie seine Hilfe ablehnte. Als sich ihre Blicke trafen, wurde ihm klar, wie sehr sie sich wünschte, er möge schnellstens verschwinden.
In dem Moment faßte Luboš einen Entschluß. Er ließ den Flügel der Pendeltür los, kehrte in die Halle zurück und kauerte sich zu Vašek.
„Weißt du was, Vašek?“ Er blickte herausfordernd hinauf zu Anna. „Du hilfst mir in Rokytnice Stangenholz aufladen. Und unterwegs setzen wir Mama am Bahnhof ab.“
Vašek legte seinen freien Arm um Luboš Hals, und als er seine Mutter triumphierend anlächelte, glitzerten noch Tränen auf seinen Wangen.

Um den Bahnhof von Rokytnice herrschte um halb zwölf noch dichter Nebel. Der Warteraum war leer, und auf dem Bahnsteig marschierte Luboš mit dem Koffer in der Hand und hinter ihm Anna und Vašek am Zug entlang. Auf dem Weg zum Bahnhof hatte Anna ein paarmal versucht, den Lauf der Dinge aufzuhalten. Aber ihre Behauptung, Vašek ließe sie nicht allein wegfahren, wurde von Vašek selbst lauthals und mehrfach geleugnet. Er versicherte ihr und Luboš beflissen, er lasse sie wegfahren und zwar gern.
Luboš legte den Koffer im Abteil ins Gepäcknetz und kehrte auf den Bahnsteig zurück. Anna wurde unsicher, als Luboš ihren Ellbogen ergriff, und stieg schnell ein. „Paß auf Vašek auf.“
„Keine Sorge. Ich bin schon mit einer ganzen Gruppe fertig geworden.“
Anna antwortete nicht und hielt sich an der grünen Stange fest. Als sie auf der ersten Stufe stand, wandte sie sich um. „Ich sterbe sowieso vor Angst.“
„Das wäre schade“, sagte Luboš und hob sie hinauf.
Der Stationsvorsteher winkte mit der roten Kelle und pfiff.
Anna stand auf der Plattform, hinter dem Wagen wirbelte eine Dampfwolke auf und verschmolz unmerklich mit dem Nebel. Der Zug setzte sich langsam in Bewegung.

Luboš winkte. Nach vielen Jahren hatte er plötzlich wieder das Gefühl, sich auf etwas freuen zu können, obwohl dieses Abenteuer so ungewöhnlich begann, mit einer Abreise.
Vašek drückte einen Kuß auf den Handschuh und schnipste ihn seiner Mutter hinterher. Und dann konstatierte er befriedigt, daß Luboš lange und unverwandt dem abfahrenden Zug nachschaute.
„Mama ist Klasse, nicht?“ Er zog Luboš am Ärmel und zwinkerte ihm verständnisinnig zu. „Sie hat dich gleich geduzt.“

11

Ein nächtliches Schneetreiben, dichter Nebel und Sturm, der morgens durch das Tal gefegt war, verhießen nichts Gutes. Doch schon vormittags brach oben auf den Kämmen die Sonne durch und drückte den Nebel hinunter ins Tal. Der Waldweg, auf dem sich der Schneepflug vorwärts schob, lag noch im Schatten.
„Wie bist du darauf gekommen, daß ich Bergsteiger bin?“ fragte Luboš.
Sie saßen hinten auf der Ladefläche. Luboš hatte die Plane so befestigt, saß man hinaussehen konnte. Der Weg war so schmal, daß die Kabine ständig an Zweige stieß und den frischen Schnee herunterschüttelte.
„Ich bin der Detektiv Colombo. In der Baude liegen auf den Regalen Steigeisen“, antwortete Vašek.
„Du weißt, wozu die sind?“ fragte Luboš verwundert.
„Klar. Für Eiswände.“
Der Schneepflug fuhr auf ein Plateau und über eine Anhöhe direkt zu der Stelle, wo gestern abend der kleine rote Schneepflug von der Martinovka hängengeblieben und bis zum Morgen vom Schnee zugeschüttet und verweht worden war.
Vašek blieb der Atem weg. Die verschneiten Bergkämme, von tiefen Tälern getrennt, zogen sich bis zum Horizont und berührten mit ihren Gipfeln den strahlendblauen Himmel. Das also war das weiße Königreich, das er nur aus Illustrier-

ten kannte! Das war dieses Märchenland, in dem er so oft in seinen Träumen gewesen war! Kein Eissturm, keine Eisschluchten, Ruhe und Frieden. Vašek war ein wenig enttäuscht und wünschte sich dabei sehnlichst, daß seine Mutter hier wäre, denn jetzt könnte er sie leicht überzeugen, daß in den Bergen keine Gefahr drohte.
„Iß dein Brot auf", drängt Luboš.
Als der Schneepflug anhielt, warf Luboš die Schaufeln, Seile und Vašek von der Ladefläche, der bis zum Gürtel in lockerem Schnee versank.
Von der Morava-Baude traf ein großer Schneepflug mit einer zweiköpfigen Besatzung ein. Franta Kadlec und sein Bruder Radim kamen auf Skiern vom Medvědín. Luboš begrüßte den Verwalter der Martinovka und rief Bohouš zu, der in der Kabine geblieben war, er könne anfangen.
Vašek wußte nicht, wohin er zuerst schauen sollte. Beide Schneepflüge begannen mit ohrenbetäubendem Motorengeheul zu manövrieren.
Luboš und Radim schaufelten die Schneewehe vor den Ketten des hängengebliebenen Schneepflugs weg. Auch Vašek hatte eine Schaufel in der Hand und bemühte sich emsig, den Schnee wegzuräumen, doch der rutschte von seiner Schaufel zurück auf die Maschinenhaube.
„Guck, wohin du den Schnee wirfst!" schrie Luboš ihn an und gab ihm eine Kopfnuß.
Vašek guckte, doch nicht dahin, wohin er sollte.
Kadlec mit dem rötlichen Schnurrbart rief dem Fahrer zu, er solle zurücksetzen. Vašek drehte sich nach ihm um und warf die nächste Schneeladung Luboš direkt in den Hals.
Er bekam noch eine Kopfnuß, aber konzentrieren konnte er sich nicht mehr.
Luboš wickelte das Seil ab, und Bohouš öffnete die Kabinentür, denn die Maschine rutschte im tiefen Schnee.
„Was ist das: Tschomolungma?" hörte Vašek in dem Lärm Luboš' Stimme.
„Der Mount Everest."
„Und welcher Achttausender wurde zuerst bezwungen?"
„Der Annapurna", antwortete Vašek wie aus der Pistole geschossen und beobachtete, wie Kadlec das Seil herüberschwang und eine Schlinge machte.

„Und welcher Berg forderte die meisten Opfer?“
Wahrscheinlich liebt er Quiz, dachte Vašek und antwortete im Handumdrehen: „Der Nanga Parbat.“
„Und wer war als erster oben?“
„Hermann Buhl. Den mag ich am meisten.“ Vašek zögerte ein wenig und fügte dann hinzu: „Gleich nach Vater.“
Der Schneepflug heulte auf, fuhr zwei Meter nach vorn. Das Seil spannte sich so straff, das eine Eiskruste abplatzte.
Luboš legte seine Hand auf Vašeks Schulter. „Du bist gut!“ rief er dem Jungen zu und zog ihn beiseite.
Vašek stolperte durch den tiefen Schnee, zuweilen hob ihn ein starker Arm hoch, und Vašek erklärte stolz: „Ich hab Bücher. ‚Der unbezwungene Berg.‘ ‚Himalayatigers.‘ Das wird jetzt im Radio in Fortsetzungen gesendet.“
Luboš schleppte Vašek über den festgefahrenen Weg, und als er ihn noch ein Stück hinauf auf den Hang gezogen hatte, rief er mit kräftiger Stimme: „Fertig?“
Die Motoren heulten auf, und der kleine Schneepflug, an dem zwei Seile befestigt waren, startete. Ein runzliger, behaarter Mann winkte Luboš mit beiden Armen zu, und Luboš gab mit noch stärkerer Stimme den Befehl:
„Also los!“
Vašek stellte staunend fest, daß Luboš die ganze Aktion leitete. Zwei große Schneepflüge fuhren zur Befreiung eines dritten in Position. Das anschwellende Motorengeheul füllte das ganze Tal aus und klang in Vašeks Ohren wie erhabene Musik.
„Und wer kauft dir die Bücher?“ Luboš sah den Jungen forschend an. „Dein Vater?“
Vašek nickte eifrig. „Mein Vater war auch Bergsteiger.“
„Und was macht er jetzt?“ fragte Luboš.
„Jetzt ist er tot.“
Luboš brach der kalte Schweiß aus.
Vašek wandte sich zu ihm um. „Beim Abstieg war er der letzte auf einem Lawinenhang“, sagte er, „Und es hat ihn mitgerissen“, erklärte er ganz sachlich.
Luboš legte dem Jungen den Arm um die Schultern. Der versackte Schneepflug löste sich Zentimeter für Zentimeter aus seiner Schneeumklammerung. Als Vašek aufblickte, sah Luboš in seinen Augen das Aufblitzen plötzlichen Glücks.

„Guck mal!“ schrie der Junge und hüpfte außer sich vor Freude in dem halbmeterhohen Schnee herum. „Wir haben ihn gerettet, den kleinen Schneepflug!“
Abends heizte Luboš den Ofen, hängte die nassen Socken und Handschuhe auf und öffnete eine Gulaschkonserve. In der Küche breitete sich der Duft von Knoblauch aus, den Luboš auf einem Brett zerdrückt, mit Ketchup verrührt und

auf einen tiefen Teller gegossen hatte, auf dem dampfende Knödelscheiben lagen.
„Du nimmst meinen Schlafsack“, sagte er zu Vašek, „auf der Sierra de la Peña hat auch ein Freund von mir drin geschlafen.“
Vašek lächelte wohlig. Schon vor dem Abendessen, als er aus dem Schuppen Holz zum Anfeuern geholt hatte, hatte er sich die Fotos angesehen, die über Luboš’ Liege im Dienstzimmer hingen. Alle zeigten Bergbesteigungen.
„Er hatte Darmgrippe“, fuhr Luboš fort, „das ist bei einem Frost von zwanzig Grad ein ganz schöner Schlamassel.“
„Und wo hast du geschlafen?“ forschte Vašek, nachdem ihn die Erklärung beruhigt hatte, Darmgrippe sei gewöhnlicher Durchfall.
„Im Schnee“, antwortete Luboš.
Daraufhin versicherte Vašek, er habe Erfahrungen mit

Durchfall. Einmal hätten ihn auf dem Nachhauseweg von der Schule solche Bauchschmerzen überfallen, daß er mit Ach und Krach die Wohnungstür aufschließen und aufs Klo stürmen konnte. In diesem Augenblick hielt Vašek inne. Ihm war eingefallen, daß seine Mutter verboten hatte, von solchen und ähnlichen Vorfällen zu erzählen, vor allem beim Essen.

„Und was weiter?“ fragte Luboš. „Hast du die Hosen nicht rechtzeitig aufgekriegt?“

„Doch. Aber ich hab nicht bemerkt, daß der Klodeckel zu war.“

Luboš krümmte sich vor Lachen, und auch Vašek prustete los.

Dann breitete Luboš einen leichten gefütterten Schlafsack mit einem ausgeblichenen graugrünen Bezug auf der Liege aus. Er schaltete die kleine Lampe an und machte das große Licht aus.

„Hast du viele Freunde?“ fragte Vašek vorsichtig. Er kniete im Schlafanzug auf der Liege und betrachtete die bärtigen Gesichter auf den Fotos.

„Nein. Ich hab viele Bekannte.“ Luboš verstummte und fügte dann hinzu: „Freunde, das sind Jungs, auf die du dich jederzeit verlassen kannst.“

„Mama hat gesagt, Vater hatte keine Freunde“, sagte Vašek.

Luboš überraschte das. „Das ist seltsam.“ Er öffnete den Reißverschluß des Schlafsacks und zeigte Vašek, daß er reinkriechen sollte. „Wenn du mit jemandem an einem Seil hängst, mußt du zu ihm Vertrauen haben.“

Luboš zog den Reißverschluß hoch und bemerkte, daß Vašek nicht die Augen von ihm ließ.

„Du sicherst seinen Rücken“, fuhr er fort, „und er deinen. Dabei entsteht eine Kameradschaft auf Leben und Tod.“

Vašek kuschelte sich in den Schlafsack. „Vielleicht glaubt Mama, jemand hätte ihn retten können.“ Er sah Luboš unverwandt an und fügte hinzu: „Sein Freund.“

Luboš wandte sich nachdenklich ab, starrte in das dunkle Fenster und antwortete nicht.

12

Nachdem sie zehn Minuten auf die Straßenbahn gewartet hatte, beschloß Anna, gar nicht erst nach Hause zu gehen. In der Imbißstube an der Ecke gegenüber dem Theater verdrückte sie zwei Brote mit Ei, ein Brot mit Käse und einen halben Liter saure Milch. Um halb vier war sie in ihrer Garderobe, duschte lauwarm und streckte sich auf dem Sofa aus. So unbeschwert hatte sie sich schon lange nicht mehr gefühlt. An Vašek hatte sie, seit sie aus dem Zug gestiegen war, nur zweimal gedacht. Morgen nachmittag bestellt sie den Monteur für die Waschmaschine, geht zum Friseur – sie muß sich endlich wieder mal die Haare schneiden lassen –, sie könnte sich einen neuen Pullover kaufen, aber auf jeden Fall muß sie die Bücher in die Bibliothek zurückbringen, die sie schon über drei Monate im Hause hat, und sie muß den Einzahlungsauftrag bei der Post bezahlen.

Sie zog sich die weiche Decke bis zum Kinn, verdrängte den Gedanken an Luboš und fiel in einen tiefen traumlosen Schlaf.

Am Abend kühlte es ab und begann zu regnen. Vor dem hellerleuchteten Theater hielt ein Taxi nach dem anderen, und diejenigen, die mit der Straßenbahn oder ihrem eigenen Wagen gekommen waren, eilten auf schnellstem Wege hinein.

Um diese Zeit hatte Anna schon eine dreiviertel Stunde hartes Training hinter sich.

Als der Kristallüster im Zuschauerraum verlosch und die Zuschauer in den dunkelroten Plüschsitzen verstummten, als auch in den Logen das Licht gedämpft wurde und der Dirigent seinen Taktstock erhob, stand Anna hinter der Bühne bereit, aufgeregt und bibbernd wie vor der ersten Vorstellung. Für einen Augenblick war sie ein Teil einer illusionären Welt, in der die Musik und die Bewegung die geheimnisvolle Macht besitzen, die Seelen derer anzurühren, die sehen können und zuhören wollen.

Hatten an diesem Abend alle ihre Sorgen vergessen? Wie viele Vorhänge waren das heute gewesen? Sieben? Oder neun?

Anna lief über die schmale eiserne Wendeltreppe nach oben. Auf dem Schminktisch stand ein Halbliterglas kühles Bier. Sie nahm einen tiefen Schluck. In ihren Ohren klangen noch immer die letzten Töne von „Giselle“ und der Applaus nach. Noch bevor sie das weiße Tüllkleid auszog (das mit einem üppigen Ornament bestickte Mieder mußte Boženka nach jeder Vorstellung ausbessern), griff Anna nach dem Telefon und meldete ein Ferngespräch an.
„Also das können Sie ruhig wieder abmelden“, sagte die Garderobiere, als sie hereinkam. „Er hat schon zweimal angerufen.“
„Wer?“
„Na der, den Sie anrufen wollen!“
Anna begriff nicht gleich, warum Boženka die Sachen auf dem Tisch durchwühlte, weshalb sie die Schubfächer öffnete und sogar den Deckel von der Dose und dem Körbchen anhob.
„Er hat gesagt, ich soll es mir aufschreiben. Als ob ich Sklerose hätte.“
Schließlich zog sie den gesuchten Zettel aus ihrer Schürzentasche, setzte die Brille auf und begann zu lesen: „Vašek hat sieben Knödel gegessen und schläft wie ein Murmeltier.“
Anna schlüpfte aus dem Kleid, und um ihre Lippen huschte ein Lächeln. „Er macht sich über mich lustig. Er denkt, ich bin hier vor Angst außer mir.“ Sie ging unter die Dusche und pfiff unter dem warmen Wasserstrahl wie ein Junge.
„Das ist nicht alles“, rief Boženka. „Eine Stunde später hat er wieder angerufen und gesagt, draußen schneit es ...“ Sie verstummte bedeutungsvoll.
Anna wollte ihre Neugier nicht zeigen.
„Aber deswegen muß er nicht im Theater anrufen“, fuhr die Garderobiere fort, „den Wintersportwetterbericht können wir in den Nachrichten hören, hab ich nicht recht?“
Anna steckte ihren Kopf unter der Dusche hervor und lächelte amüsiert. „Hast du ihm das gesagt?“
„Ja, und da hat er es endlich zugegeben.“
„Herrgott! Nun spann mich nicht auf die Folter!“
„Er sagte, Sie müßten etwas klären. Er könne nicht einschlafen.“
Sonderbar ist, dachte Anna, daß mir das gar nicht mehr weh-

tut. Sie trocknete sich ab und zog ihren frischgewaschenen blauen Frotteebademantel über.
„Boženka, ich hab Hunger!“
Die Garderobentür flog auf, und Jindřich floß über vor Begeisterung und Lob. „Du hast mir eine Freude gemacht, Anna. Du warst wunderbar.“
„Ich hab mich vor der Vorstellung ein bißchen ausgeruht.“
„Ein bißchen?“ Boženka fiel aus allen Wolken. „Sie hat hier drei Stunden geschlafen wie tot.“
Jindřich hielt die Tür, damit Boženka mit den Sachen hinaus konnte, aber sie kam noch zweimal zurück, einmal wegen der Strümpfe und das zweitemal wegen des Unterrocks, und jedesmal warf sie Anna einen bedeutungsvollen Blick zu. Anna bürstete sich vor dem Spiegel die Haare.
„Darf ich dich zum Abendessen einladen?“ fragte Jindřich, als sie endlich allein waren. Ihre Blicke trafen sich im Spiegel. Ebenso wie am Montagmorgen auf dem Bahnhof hatte Anna auch jetzt das Gefühl, als hätte sich in ihrem Leben etwas Entscheidendes geändert. Sie steckte die Haare mit zwei Kämmen zusammen und sagte: „Warum nicht?“
Jindřich beugte sich herunter und küßte sie auf den Hals.
Als Anna sich anzog, wurde ihr bewußt, daß sie nur die Sachen bei sich hatte, in denen sie direkt vom Bahnhof gekommen war, einen dicken Pullover und Hosen. Jindřich brachte sie nach Hause und wartete im Auto, bis sie sich umgezogen hatte.

Um halb zwei zog Anna das braune Samtkostüm aus, sie fühlte sich ohne Vašek wie eine Schülerin in den Ferien. Das Telefon klingelte, Anna nahm nach kurzem Zögern den Hörer ab. Jindřich fragte, ob er heraufkommen dürfe. Sie verabschiedeten sich um halb vier.

13

Morgens um halb sieben stand Luboš auf und fuhr ins Dorf, um Hörnchen und Eier einzukaufen. Auf der Post schickt er einen Eilbrief an den ČSTV* in Prag (fünf Mitglieder des Bergdienstes hatten sich für einen Lehrgang nach der Saison gemeldet), gab ein Päckchen mit zwei Krimis an die Adresse seines Vaters auf, und auf dem Rückweg machte er einen Abstecher in die Ausleihstation für Sportgeräte. Luboš mußte Spánek aus dem Bett scheuchen und drückte ihm Vašeks Schnürschuh in die Hand. Schließlich winkte er resigniert ab und suchte selbst für Vašek feste Schnallenschuhe heraus.

Als er mit dem Skooter auf dem vereisten Weg zurückfuhr, den Rucksack auf dem Rücken, sah er schon von weitem, wie sich durch die geöffneten Fenster der Hütte weißer Rauch schlängelte. Er erriet sofort, was geschehen war.

„Verdammt! Dieser verflixte Bengel! Ich mache sieben kleine Zwerge aus ihm!“ brüllte er und stürmte hinein.

In der Küche konnte man keinen Schritt weit sehen.

Luboš war darauf gefaßt, den Jungen mit Streichhölzern in der Hand am Herd zu erwischen, aber Vašek stand im Schlafanzug auf dem Hocker vor dem Regal mit Konserven. Im Arm hielt er ein Glas mit Würstchen und verkündete mit vollem Munde: „Ich wollte für dich Brot rösten.“ Als er den Happen verschluckt hatte, fügte er hinzu: „Es brennt schon. Auf mich kannst du dich verlassen.“

Luboš kniete vor dem Ofen, trieb mit einem Deckel den Rauch auseinander und schimpfte: „Auf mich auch! Mach dich auf was gefaßt!“

Vašek erschrak und stopfte die nächste Wurst, die er schon in der Hand hatte, zurück ins Glas.

Endlich gelang es Luboš, das Feuer zu entfachen. Der alte Küchenofen hatte seine Mucken, und ohne trockene Späne und Birkenrinde brannte er einfach nicht.

„Luboš?“ Als in der Küche gelüftet war, nahm sich Vašek ein Herz. „Wann ist man ein richtiger Bergsteiger?“

* Tschechoslowakischer Verband für Körperkultur

„Wenn man den ersten Hügel bestiegen hat."
Vašek kniete vor dem altersschwachen Küchenschrank und suchte einen Tiegel. „Welchen?"
Luboš lachte. „Das ist doch gleich", sagte er, zog den Topf mit kochendem Wasser heran und schüttete Tee hinein. In einen anderen Topf legte er sechs Eier und fuhr fort. „Wenn es dich packt, bist du Bergsteiger fürs ganze Leben. Du mußt einen eisernen Willen haben, und vor allem mußt du Entscheidungen treffen können."
Vašek nickte ernsthaft und stellte einen geschwärzten Tiegel auf die Platte. „Was für Entscheidungen?"
„Wohin mit den Händen, wo die Füße aufstützen, wie sich erwärmen. Das ist eigentlich ganz einfach. Aber wenn du einen Fehler machst, kannst du draufgehen dabei."
„Also ich weiß nicht!" protestierte Vašek und griff hinter sich ins Regal nach einem Gefäß mit Schmalz. „Mein Vater hat bestimmt keinen Fehler gemacht!"
„Ich hab das anders gemeint", berichtigte sich Luboš.
Er strich Vašek über den Kopf, aber der Junge sträubte sich und schüttelte Luboš' Hand ab.
„Für einen richtigen Mann", fuhr er fort, als sei nichts geschehen, „ist es das größte Glück, Hindernisse zu überwinden."
„Vater war ein richtiger Mann!" fiel ihm Vašek ins Wort. „Stark! Einen Kopf größer als du!" Er fuchtelte aufgeregt mit dem Löffel vor Luboš herum und klatschte dann wütend das Schmalz in den Tiegel.
„Klar", bestätigte Luboš und schnitt von einem großen Brotlaib einen Kanten ab. „Der letzte in der Traverse ist immer der Beste."

Bald duftete es in der Küche nach Knoblauch, Röstbrot und Kaffee. Luboš zog seinen Pullover aus, und Vašek kramte schnell seine Hosenträger aus dem Rucksack, als er sah, daß Luboš welche trug.
Sie saßen einander am weißen Küchentisch gegenüber und schälten Eier. Die ersten Sonnenstrahlen fielen ins Fenster.
„Hattest du nie Angst?" fragte Vašek.
„Wenn man gewinnen will, wenn man so einen Achttausender bezwingen will, der schon seit eh und je da ist, Millionen

Jahre, dann muß man Courage haben, nicht?“
„Du hattest also keine Angst“, konstatierte Vašek befriedigt.
„Doch“, gestand Luboš. „Der Wind im Himalaja, das ist ein Gebrüll, als ob ein Zug auf dich zurollt. Einmal hat er mich richtig zum Heulen gebracht.“
„Vater war auch im Himalaja“, sagte Vašek stolz und biß von seinem Kanten ab.
Luboš hörte auf zu kauen und sah den Jungen forschend an.
„Und wenn du Angst hattest, warum seid ihr nicht ins Lager zurückgekehrt?“ fragte Vašek weiter.
„In der Nacht? Man konnte keinen Schritt weit sehen.“
„Und morgens?“
„Haben wir den Aufstieg auf den Gipfel begonnen.“
„Habt ihr es geschafft?“ flüsterte Vašek und hing gespannt und hingerissen an Luboš’ Lippen.
„Es war der schönste Tag in meinem Leben.“ Luboš’ Augen lachten, er senkte vertraulich die Stimme. „Eine Stille wie im Märchen. Nur Fels und Eis. Du stehst da und fühlst dich wie ein Gott.“
Vašek lauschte mit offenem Mund und stieß dann begeistert hervor: „Ich will auch ein Gott werden! Bloß Mama darf davon nichts erfahren!“
„Viele Menschen sind der Meinung“, räumte Luboš ein und beobachtete, wie sich der Junge das Ei in den Mund stopfte, „daß jeder Bergsteiger eigentlich verrückt ist.“
„Das bin ich!“ rief Vašek stolz, und die Eikrümel flogen ihm dabei aus dem Mund. Dann griff er nach einem hölzernen Gefäß und schüttete sich daraus einen gehäuften Löffel voll in den Tee.
„Das sehe ich! Du hast dir Salz in den Tee getan!“ rief Luboš, streckt sich über den Tisch aus und verabreichte Vašek eine symbolische Kopfnuß.

14

Bei der Waschmaschinenreparatur war ständig besetzt, die Frisöse Magda hatte Nachmittagsdienst, und für die Reinigung und die Post blieb Anna gar keine Zeit. Obwohl sie außerplanmäßig frei hatte, war sie schon um halb zehn im Theater und absolvierte bis elf das Solistentraining.
In der Pause schilderte Jindřich suggestiv die Gladiatorenkämpfe, und weil morgen zum erstenmal der dritte Akt auf dem Probenplan stand, machte er das Ensemble mit Plutarchs Auffassung über Spartakus' Ende vertraut.
„Appianos führt eine andere Version von Spartakus' Tod an", fuhr Jindřich fort, „aber zusammen mit dem Fragment des Wandgemäldes, das in Pompeji entdeckt wurde, können wir uns ein umfassendes Bild des letzten Kampfes von Spartakus machen."
Ob Vašek trockene Socken anhat? dachte Anna. Vašek und Luboš kamen ihr immer wieder in den Sinn, obwohl Jindřich eindringlich über Spartakus berichtete. Lieber hätte er sich in Stücke reißen lassen, als den Römern in die Hände zu fallen. Vor ihrer Abfahrt hatte sie Vašek noch in einer zu Herzen gehenden Predigt eingeschärft, Luboš gegenüber kein dummes Zeug zu schwatzen. Zwar hatte Vašek hoch und heilig versprochen, so wenig wie möglich zu reden, doch das war jetzt ein schwacher Trost.
„Höchst wichtig ist, daß niemand den direkten Kampf wagte und Spartakus von hinten angegriffen werden mußte." Jindřich ging erregt vor den Spiegeln des Ballettsaals hin und her. „Ein Kampf Auge in Auge war gefährlich für jeden, der es wagte, den thrakischen Gladiator anzugreifen. Die choreographische Konzeption, die sich an die historischen Tatsachen halten wird, soll die Atmosphäre der letzten Schlacht genau auffangen."
Nachmittags blieb Anna im Theater und übte im Saal unter Jindřichs Aufsicht eine Serie schwieriger Sprünge. Sie wollte auch heute nicht nach Hause, um sich in der Zeit zwischen Training und Vorstellung in der Garderobe auszuruhen. Jindřich bot Anna nach der Probe ein Wurstbrot an; Anna zerbrach es in zwei Teile und gab den größeren Jindřich.

„Ich wollte dich schon gestern nacht fragen." Jindrich verstummte und sah Anna an. Sie saß auf dem Fußboden vor dem Spiegel und wischte sich mit dem Handtuch Gesicht und Stirn ab. „Vielleicht hast du recht", fuhr er fort, „vielleicht sollten wir es probieren. Gemeinsam zu leben."
Anna blickte auf. Jindřich zog einen dunkelvioletten Pullover über sein Trikot. Sie wußte, daß er jedes Wort abwog.

„Nur eins macht mir angst. Ich weiß nicht, ob ich mich an Vašek gewöhnen könnte."
Gegen Abend kehrten sie durch das Elbtal in die Hütte zurück. Luboš glitt im tiefen Schnee den Hang hinunter, und in seiner Spur fuhr der Junge. Der Schnee glitzerte in den Strahlen der untergehenden Sonne. Die auf dem Hang zwischen den alten verwitterten Bäumen stehenden kleinen Fichten hatten gefrorene weiße Hauben auf den erstarrten Zweigen. Luboš fuhr in großem Bogen um einen alten Baum herum und blieb im Windschatten stehen. Er war sicher, Vašek hätte die Nase voll und wäre völlig durchgefroren. Am Morgen war Vašek in den Schnallenschuhen, die ihm Luboš bei Spánek ausgeliehen hatte, in die Skischule getappt, wo ihn Luboš in einer Gruppe unterbrachte. Mittags hatte ihn Luboš an ein Seil gebunden, und nachmittags fuhr er schon Slalom. Ein paarmal scherte Vašek aus der Bahn aus, jagte in Schußfahrt bergab und rief triumphierend, er sei als erster im Ziel.

Jetzt sah Luboš, daß sich der Junge mit letzter Kraft auf den Beinen hielt, Nase und Wangen waren von Frost und Wind gerötet, er hatte nicht einmal mehr die Kraft zu bremsen. Luboš breitete die Arme aus, um ihn aufzufangen, doch Vašek fuhr auf seine Skier auf, und beide wälzten sich im tiefen Schnee.
„Weißt du, wie man einem Walfisch den Backenzahn zieht?" fragte Vašek, als er aus der Schneewehe herausgekrabbelt war.
Luboš riß verdutzt die Augen auf.
„Du baust einen Seekran und gibst dann dem Walfisch eine Ladung Algena", fuhr Vašek bedächtig fort.
Luboš ließ die Bindung zu Boden fallen und lauschte entgeistert, was für verqueres Zeug ihm der Junge da erzählte.
„Du stellst den Zeitzünder für eine Ladung Dynamit ein. Sieben, sechs, fünf!" rief er wie beim Start einer Rakete, und als er „Eins!" gerufen hatte, sprang er auf, schlang beide Arme um Luboš' Hals und drückte ihm einen Kuß auf die Wange. Dann ließ er sich in den Schnee fallen und wühlte wie ein Maulwurf, daß die Flocken hoch in die Luft stoben und auch Luboš' Gesicht einhüllten.
„Warum wieherst du denn so?" fragte Luboš, noch immer verdattert, und wischte sich den Schnee aus dem Gesicht.
„Das kratzt", erklärte Vašek. „Ich hab noch nie einem Mann einen Kuß gegeben!"
Luboš beugte sich zu ihm, hob ihn hoch und stellte ihn auf die Füße. Er spürte, wie der Junge zitterte, auch er selbst war ein wenig verlegen. „Sag bloß. Hattest du deinen Vater nicht lieb?"
„Doch", beteuerte Vašek überzeugend. „Aber ich hab ihn gar nicht gekannt!" fügte er hinzu, als ob ein Spieler einen letzten Trumpf beim Kartenspiel ausspielte.

Überm Ofen in der Küche hingen Pullover und Strumpfhosen, die nassen Skihosen und Vašeks Unterhemd. Vašek nahm ein trockenes Hemd und Trainingshosen aus dem Rucksack. Auf dem Fensterbrett fand er Nadel und Faden und bot sich an, Luboš' Handschuh zu flicken.
Luboš versuchte verzweifelt, ihm das auszureden, aber als Vašek darauf bestand, verabschiedete sich Luboš im Geist

von seinem Handschuh. Er ging hinaus Wasser holen, und als er zurückkam, knöpfte er sich Vašek vor.
„Hör mal, Kumpel, redest du nicht manchmal ein bißchen viel Unsinn?"
Vašek nähte mit langen Stichen und blickte fragend auf. Am Ofen war es schön warm, und aus dem Teetopf stieg Dampf auf. „Heute morgen, als wir Eier gekocht haben, war dein Vater einen Kopf größer als ich, und nun hast du ihn plötzlich nie gesehen?"
„Ich war doch damals noch so klein", sagte Vašek und breitete die Arme aus, als ob Angler ihren Fang zeigten.
Luboš verstand das zwar nicht so ganz, wollte ihn jedoch nicht weiter aushorchen und wechselte das Thema. „Deine Mutter hat nicht noch mal geheiratet?"
Vašek schüttelte den Kopf, und dann heftete er einen treuherzigen und bittenden Blick auf Luboš und sagte: „Ich möchte auch einen Vater haben. Standa hat schon den dritten."
Luboš schälte Kartoffeln in den großen Topf. „Deine Mutter muß deinen Vater sehr gern gehabt haben", sagte er versonnen. „Und wenn jemand einen Menschen sehr gern hat, kann er ihn nicht vergessen."
„Von wegen! Du würdest die Ohren anlegen", widersprach Vašek, „was für eine Wut sie kriegt, wenn ich den Annapurna male!"
„Dein Vater war auf dem Annapurna?" fragte Luboš ungläubig und hielt mit dem Kartoffelschälen inne.
„Nein. Dort ist er begraben."
„Ich war auch auf dem Annapurna", sagte Luboš nachdenklich und nahm die nächste Kartoffel aus dem Korb.
„Mit meinem Vater?" stieß Vašek hervor und riß die Augen auf.
„Nein. Wir sind alle nach Hause zurückgekehrt."
„Mein Vater war in einer besonderen Expedition. Sie haben unter den Gletschern im Lehm gebuddelt", sagte Vašek stolz und biß den schwarzen Faden ab.
„Warte mal ..., warte ..., willst du behaupten", rief Luboš, „daß dein Vater in einer Geologenexpedition war?"
„Klar."
„Und wann war das?"

„Als ich noch so klein war“, sagte Vašek und zeigte wieder die Länge wie ein Angler, wobei er den Abstand zwischen seinen Händen etwas reduzierte.
„Du warst so klein!“ Luboš ahmte Vašek nach, in einer Hand den Kartoffelschäler, in der anderen eine Kartoffel. „Und du erinnerst dich, was für Schultern dein Vater hatte, was?“
„Ich hab ein Foto zu Hause“, erklärte Vašek.
„Du hast deinen Vater tatsächlich nie gesehen?“ fragte Luboš vorsichtig und spürte, daß sein Herz etwas schneller zu schlagen begann.
„Ich sag dir“, wiederholte Vašek mit erhobener Stimme, erregt über diese Begriffsstutzigkeit, „daß ich *so klein* war!“ Er breitete wieder die Arme aus und reduzierte den Abstand noch ein Stück.
„Was heißt das, *so klein*?“ rief Luboš, denn ihn verließ die Geduld.
„Als ich noch bei Mama im Bauch war!“
Einige Sekunden war es still. So still, daß man das brennende Holz im Ofen prasseln und den Deckel auf dem Topf mit dem kochenden Wasser klappern hörte.
„Du bist acht?“ fragte Luboš leise.
„War ich. Ich werd neun“, antwortete Vašek stolz.
Luboš wurde es schwarz vor Augen. Er war nicht einmal imstande kopfzurechnen! Also nahm er die Finger zu Hilfe, und beim neunten hielt er an.
„Bist du im September geboren?“
„Donnerwetter, du bist ein Hellseher!“ erklärte Vašek anerkennend. „Am fünften.“ Er wollte etwas hinzufügen, doch dazu kam er nicht. Luboš ergriff den Topf, richtete sich auf und stieß dabei mit dem Kopf an die Holzstange mit der aufgehängten Wäsche, stürzte zur Tür und stolperte über die Schwelle, daß das Wasser aus dem Topf aufspritzte. Vašek schüttete sich aus vor Lachen.

Luboš trat in Hausschuhen vor die Hütte. Er ging bis zu dem aufgeschütteten Schneehaufen mitten auf dem Hof. Es war eine klare Frostnacht. Er schaute in den Sternenhimmel über sich, stellte den angeschlagenen Topf ab, kniete nieder und wühlte den Kopf in den Schnee.
Im Flur ging das Licht an, gleich darauf tauchte Vašek in

dem Lichtstreifen zwischen der Tür auf. Er wunderte sich, als er Luboš ohne Kopf sah, lief in Pantoffeln zu ihm und klopfte ihm auf die Schulter. „Was machst du denn hier?“ rief er neugierig.
Luboš zog den Kopf zurück und holte tief Luft. „Ich probiere, wie morgen der Schnee wird.“
Vašek nickte, trat zwei Schritte zurück, nahm Anlauf und stieß den Kopf bis zum Hals in den gefrorenen Schnee, daß es knirschte. Luboš packte ihn am Kragen und zog ihn heraus.
„Du mußt mir nicht jeden Blödsinn nachmachen“, sagte er leise und strich ihm zärtlich die Schneeflocken aus dem Gesicht. Dann nahm er ihn auf die Arme und trug ihn laut lachend hinein, ins Warme.

15

Als Anna morgens das Haus verließ, war es noch dunkel. Sie kam ziemlich spät am Bahnhof an und sprang im letzten Augenblick in den Zug. Die Abteile waren alle besetzt, und Anna fand erst im dritten Wagen einen Platz. Später bemerkte sie, daß der ganze Wagen für die Lehrlinge vom Automobilwerk Mladá Boleslav reserviert war, die von einem zehntägigen Tatraaufenthalt zurückkehrten. In Boleslav stiegen alle aus, und der Wagen blieb fast leer.
Anna streckte wohlig die Beine aus und beschloß, an nichts zu denken. Noch erwarteten sie ein paar schwer erkämpfte freie Tage, und sie wollte sie sich durch nichts verderben lassen. Ein Tag Erholung an der frischen Luft hatte genügt, um sich wie neugeboren zu fühlen. Im dritten Akt hatte sie gestern die Serie von Spagatsprüngen einfach bravourös gemeistert. Das Publikum hatte auf offener Szene applaudiert, und als Boženka ihr im Blitztempo hinter der Bühne beim Umziehen half, konnte sie sich die bissige Bemerkung nicht verkneifen, was los sei mit ihr, daß sie so in höheren Sphären schwebe. Die arme Boženka, sie hatte Jindřich nie leiden können, und das kleinste Anzeichen einer Unstimmigkeit

(vergangene Woche, als sie nicht miteinander gesprochen hatten, gab es gleich eine Menge Gerede im Theater) oder eine fremde männliche Stimme im Telefon genügte, sie freundlicher zu stimmen. Anna lächelte. Sie öffnete die Tasche und wickelte eine dünne Scheibe Schwarzbrot mit Käse aus einer Serviette.

Aber in einer Hinsicht hatte die gute Seele recht.

Anna erinnerte sich wieder an die gestrige Vorstellung. Sie hatte Sicherheit, Freude an der Bewegung und noch etwas mehr gespürt. Erklären konnte sie das selbst nicht, sie gab alles, verausgabte sich völlig, aber tief in sich hatte sie noch Kraft. Das war es, ein Überschuß an Energie, der jeder Geste natürliche Leichtigkeit verleiht. Jindřich nennt das das Eisbergprinzip. Ob eine ähnliche Kombination des Grandjeté nicht auch Phrygia haben konnte? Anna spielte im Geist die Passagen des dritten Aktes durch. Phrygia sucht im Kriegsgetümmel Spartakus. Sie ahnt nicht, daß er tot ist. Eine Dreierkombination von Sprüngen oder noch besser eine Manège, das wäre wirksam. Sie mußte es Jindřich vorsichtig vorschlagen. Am besten wäre es, er käme selbst darauf.

Der Zug blieb auf einer Brücke in der verschneiten Vorgebirgslandschaft stehen. Unten floß ein Bach, nur an den Rändern waren Eisinseln. Anna hätte nichts dagegen gehabt, wenn sie eine ganze Stunde hier stehengeblieben wären. Es wäre angenehm, die Zeit zwischen dem, was war, und dem, was sie erwartete, zu verlängern. Sie konnte es Jindřich nicht verübeln, daß er alles dem professionellen Interesse unterordnete. Er fürchtete, Vašek würde ihn stören, und dennoch hatte er ihr gestern vorgeschlagen, ihre beiden Wohnungen gegen eine größere zu tauschen. Anna hatte nicht geantwortet.

Wie sollte sie Jindřich erklären, daß ein Hausmeister, der Eishockey spielt, eine größere Anziehungskraft für den Jungen hat? Jindřich war natürlich kein Hockeyspieler (Anna mußte bei dieser Vorstellung lachen), aber als Spartakus könnte er bei Vašek im Ansehen steigen. Die Kriegsszenen und das Kampfgetümmel begeisterten Vašek bestimmt, sie muß ihn mit zur Generalprobe nehmen. Da sieht er Jindřich als Helden. Das ist ein guter Einfall. Anna rekelte sich zufrieden, und der Zug setzte sich in Bewegung.

Der Reif hielt sich an den gefrorenen Zweigen, und am Boden wallte noch dichter Nebel. Der Weg zum Bahnhof führte durch weiße Baumreihen. Luboš kannte jede Serpentine und schnitt manche Kurven. Er hörte die Nachrichten und stellte dann das Radio ab.
„Was würdest du dazu sagen, Vašek, wenn ich mit deiner Mutter anbändelte?"
Vašek zuckte zusammen. Er drehte sich um, riß die Augen auf und stieß hervor: „Willst du das versuchen?"
„Ich mach es", erklärte Luboš entschlossen.
„Gefällt dir Mama?"
„Du gefällst mir."
Vašek nickte und antwortete ernsthaft: „Du mir auch."
Sie wechselten kein Wort mehr, und Vašek dachte über das neue Leben nach, das für ihn beginnen würde. Aber je näher sie dem Bahnhof kamen, desto mehr wuchsen seine Zweifel.
„Luboš, du mußt aber vorsichtig rangehen."
„Wobei?" fragte Luboš und ergriff Vašeks Hand.
Sie stiegen aus dem Auto und gingen am Holzzaun entlang zu den Gleisen.
„Beim Anbändeln. Mama will von Heiraten nichts hören."
Er hielt inne und musterte Luboš, ob er ihn nicht zu sehr erschreckt hatte. „Mich hat sie schon mal fast verdroschen."
Luboš sah nicht so aus, als würde er sich abschrecken lassen.
„Ich tue, was ich kann", sagte er beruhigend.
Die Lokomotive fuhr in den Bahnhof ein. Aus ihrem Schornstein quoll weißer Rauch.
Als der Zug hielt und Anna auf den Stufen des letzten Wagens auftauchte, riß sich Vašek von Luboš' Hand los und flitzte mit einem Freudenschrei auf den Bahnsteig. Luboš beobachtete, wie Anna ausstieg und Vašek ihr um den Hals fiel. Anna drückte ihn und hob ihn hoch, gab ihm auf beide Wangen einen Kuß und stellte ihn lachend wieder auf die Erde. Dann schaute sie sich mit einem unruhigen Blick auf dem Bahnhof um.
Luboš sah ihr von weitem in die Augen.
Anna senkte den Blick, nahm ihren Koffer und schritt am Zug entlang.
Luboš löste sich vom Zaun und ging ihr entgegen.

Vašek hielt sich hinter Anna, hüpfte umher und machte Luboš Zeichen, sich nicht zu fürchten, er halte ihm die Daumen. Gerade als er hinter Annas Rücken ein Signal sendete, drehte sie sich um. Vašek spielte den Unschuldigen, wodurch Anna merkte, daß etwas im Gange war. Als sie sich erneut unverhofft nach Vašek umsah, erwischte sie ihn wieder. Im Grunde war sie froh, daß sie sich mit etwas beschäftigen konnte, denn sie spürte, daß etwas in der Luft lag, und Luboš kam immer näher.
Als sie noch drei Schritte voneinander entfernt waren, blieb Anna stehen.
Auch Luboš blieb stehen, und Vašek stellte sich zwischen beide.
Der Zug vom Nachbargleis fuhr ab.
Vašek erschien die Zeit, die Luboš Anna ansah, wie eine Ewigkeit. Er konnte nicht erwarten, daß Luboš sagen würde – Ich nehme dich zur Frau – oder so was in der Art.
Doch Luboš nahm Anna den Koffer aus der Hand und küßte sie so auf die Wange, wie sich Menschen begrüßen, die sich nach einer langen Reise wiedersehen.
„Was soll das?“ fragte Anna ein wenig verwirrt.
„Das war abgemacht, nicht?“ antwortete Luboš und sah Vašek bestätigungsheischend an. Doch Vašek verfolgte die Szene mit unverhohlenem Staunen.
„Na ja“, stieß er schließlich hervor, und enttäuscht, weil der entscheidende Satz nicht gefallen war, fügte er hinzu: „Die Küsserei hat sich Luboš selbst ausgedacht!“

16

Die Angst, die Anna ergriffen hatte, seit sie Luboš nach Jahren in der Hotelhalle wiederbegegnet war, verließ sie allmählich. Drei Tage lang tat sich nichts. Vašek fuhr in der Nähe des Hotels Ski, und Anna ging auf dem Waldweg spazieren, bis die gefrorene Furche des Pfades unter ihren Füßen verschwand. Sie aßen in der verglasten Veranda des Hotels Mittag, und wenn die Sonne herauskam, stellte Anna an einem

windgeschützten Fleck bei der steinernen Mauer einen Liegestuhl auf und deckte sich mit einer Decke zu.
Nach dem Mittagessen holte Luboš Vašek ab, und sie fuhren Gott weiß wohin. Wenn er ihn abends wieder ablieferte, fielen Vašek vor Müdigkeit die Augen zu.
Anna brauchte ihn nicht auszuhorchen, denn Vašek erzählte alles, ohne gefragt zu werden. (Manchmal steckte ihn Luboš für ein oder zwei Stunden in eine Skischule, doch die meiste Zeit verbrachte er selbst mit ihm.)
Nach dem Abendessen erholte sich Vašek meist wieder ein wenig, er spielte mit Anna Domino und wartete. Mit eiserner Regelmäßigkeit fiel er gegen acht in tiefen Schlaf, erschöpft von der Bewegung an der frischen Luft. Am Morgen fragte er, ob Luboš abends gekommen sei, und wenn ihm Anna sagte, er könne ganz ruhig sein, nein, war er im Gegenteil unruhig und bekam tieftraurige Augen, bis frische Hörnchen mit Butter und Honig auf dem Tisch standen.
Am letzten Tag kam Luboš schon morgens. Es war Sonntag. Anna lehnte es entschieden ab, sich auf den Schneeskooter zu setzen, aber Luboš fragte nicht und wartete nicht auf Zustimmung. Er setzte sie hinter sich, und Vašek band er am Seil fest.
Anna war überrascht, daß Vašek keine Angst hatte und sich auf den Skiern hinter dem Roller herziehen lassen wollte. Als Luboš die Geschwindigkeit steigerte, protestierte sie energisch und trommelte mit den Fäusten auf Luboš' Rükken, damit er bremste.
„Beruhige dich", rief Luboš, „so sind wir jeden Tag gefahren."
Anna merkte schnell, daß Vašek bei weitem nicht alles gebeichtet hatte und daß er mit Luboš unter einer Decke steckte. Luboš hielt bei der Hütte am Berggipfel und brachte Skier und Schuhe heraus, die er hier für Anna zurechtgestellt hatte.
Sie fragte ihn, ob er den Verstand verloren habe, aber in dem Augenblick kam Vašek mit den Stöcken und erklärte ihr im Vertrauen, es hätte ihn große Mühe gekostet, Luboš zu überreden, ihr eine Lektion im Skifahren zu erteilen.
Die halbe Stunde überlebe ich, dachte Anna und ließ sich die Skier anschnallen.

Als Vašek ihre ersten Schritte auf den Skiern sah, bekam er es mit der Angst zu tun. Ob er nicht doch zu weit gegangen war? Er fürchtete, Luboš die Laune zu verderben.
Anna federte nicht in den Knien und fiel nach drei Metern in den Schnee. Luboš half ihr beim Aufstehen, obwohl sie sich wehrte und beteuerte, sie könne es allein. Vašek wunderte sich über Luboš' Geduld, denn er konnte sich nicht erinnern, daß Luboš je seinetwegen soviel Umstände gemacht hätte. Ehe sie überhaupt da ankamen, wo der Unterricht beginnen sollte, kehrte Luboš ein paarmal um und half Anna auf die Beine. Schließlich langten sie bei einem leicht festgefahrenen Hügel an.
„Die Hüften zum Hügel", Luboš führte die Ausgangshaltung eines Skifahrers bei der Abfahrt vor, „die Brust zum Tal."
Anna wirkte unruhig, und kaum hatte Luboš sie berührt, um ihre Haltung zu verbessern, stieß sie sich mit den Stöcken ab, drückte die Knie durch, lehnte sich leicht nach hinten und fiel in den Schnee.
Luboš hob sie auf, klopfte ihr den Schnee vom Pullover und wurde immer vergnügter.
Annas Wangen röteten sich leicht, und sie verkündete mit Nachdruck, sie habe genug von diesen Übungen, und sie würde sich doch nicht den Knöchel brechen, damit sie – wobei sie Luboš in die Augen sah – sich amüsierten.
Vašek bat seine Mutter inständig durchzuhalten, er habe auch durchgehalten, aber Luboš sagte, der Knöchel sei eine ernste Sache und er wollte es anders versuchen. Er postierte Anna schräg zum Hügel und stellte sich dicht neben sie. Anna knickte gehorsam die Knie ein, und als sie sich vorbeugte, faßte er sie um die Hüften, und so fuhren sie eng umschlungen zehn Meter, bis sich beide im Schnee kugelten.
Vašek jubelte und rief, das machten sie schön, denn er war sicher, daß seine Mama eine Aufmunterung gebrauchen konnte. Sobald sie ein bißchen die Angst abgelegt hatte, würde sie bestimmt Gefallen an diesem Sport finden, was für Vašek sehr wichtig war.
Anna ärgerte sich maßlos, daß sie sich so hatte einwickeln lassen. Luboš rief Vašek zu, er solle ein Seil aus der Hütte holen, er wolle versuchen, Mama festzubinden.

Eingebildeter Pinsel! dachte Anna. Ich könnte wetten, er stürzt sich auf mich, sobald Vašek aus dem Blickfeld verschwunden ist! Und sie stellte sich rachedürstig vor, wie sie ihm das versalzen würde.
Aber Luboš stürzte sich nirgendwo hin. Auf seinen Stock gestützt beobachtete er mit Wohlgefallen, wie sich Anna aufrappelte, wie sie sich den Schnee von den Hosen und vom Pullover klopfte. Als sie die Mütze abnahm, um sich durch die Haare zu fahren, verlor sie das Gleichgewicht und fiel wieder in den Schnee.
Von der Anstrengung, sich das Lachen zu verkneifen, überfordert, brach Luboš in ein Mordsgelächter aus, und dann (seine Augen waren noch voller Freude) beugte er sich zu Anna und fragte zärtlich: „Hast du die Nase voll?"
Anna reagierte entnervt, und Luboš öffnete ihr die Bindung.
Sie aßen in dem niedrigen Raum der Bergbaude mit dem runden Kachelofen in der Mitte zu Mittag. Dabei entwickelte sich alles bestens, Vašek schien lediglich, daß es höchste Zeit für Luboš war, mit der Wahrheit rauszurücken. Zweimal vertat er sich jedoch und trat unter dem Tisch statt Luboš der Mutter auf den Fuß. Sie fragte, was das bedeuten sollte, und da sie nur verworrene und unglaubhafte Erklärungen zu hören bekam, fragte sie nicht mehr.
Dankbar nahm Luboš den Vorschlag an, mit Vašek schon hinauszugehen. Anna bestellte noch einen Grog, und als sie vor die Baude trat, drehte es sich angenehm in ihrem Kopf.
Sie sah eine schwach rosafarbene kalte Sonne, die über den Bergkämmen stand. Sie sah ein tiefes Tal, in dem sich der Nebel den ganzen Tag nicht auflöste. Hier oben hatte es sich sehr abgekühlt und begann zu frieren. Als Anna ihre Mütze aufsetzen wollte, bekam sie von hinten so einen Schlag, daß ihr schwarz vor Augen wurde.
Ein Schneeball hatte sie direkt in den Nacken getroffen!
Anna drehte sich um und sah nichts als eine kahle weiße Fläche und ein paar Fichten.
Sie bückte sich und hob mit den Handschuhen Material für ein Geschoß auf.
Hinter einer Fichte guckte Vašek hervor, doch noch bevor er

den nächsten Schneeball abfeuern konnte, bekam er von Anna einen direkt zwischen die Augen. Luboš wieherte vor Lachen, denn Vašek war einäugig wie Jan Žižka. Damit hatte er allerdings sein Versteck hinter einer Schneewehe verraten.

Anna war froh, daß schließlich alles unverbindlich mit Toben und Schneeballschlacht endete.

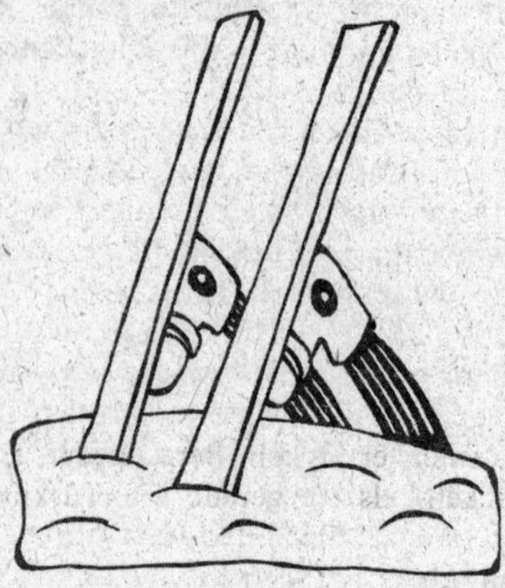

Als die Dämmerung hereinbrach, saß sie auf der Bank vor der Baude und wechselte die Schuhe.

„Hör mal, Anna, wie lange ist das her, daß wir zusammen gegangen sind?“ fragte Luboš und stieß die Skier in den Schnee.

Anna antwortete nicht. Sie sah hinunter, wo Vašek zwischen den Toren herumkurvte.

„Ich denke“, fuhr Luboš fort und säuberte die Skier vom festgeklebten Schnee, „das war vor meiner Abreise auf den Annapurna.“

„Weißt du, daß ich mich gar nicht mehr erinnern kann?“ antwortete sie leichthin, und ihr Herz schlug laut wie eine Glocke.

„Das läßt sich sicher ausrechnen. Du warst damals auf der Ballettschule.“

Anna strich sich mit einer langsamen Bewegung die Haare aus der Stirn. „Das ist doch so lange her und ganz unwichtig.“

Sie wollte Luboš in die Augen sehen, doch sie schaffte es nicht. Statt dessen starrte sie den Berg an, der hinter der Baude aufragte und dessen Gipfel schon von Wolken eingehüllt war.
„Wie du meinst. Ich hab nur so das Gefühl“, Luboš verstummte, er war selbst merkwürdig verwirrt, „als ob Vašek an mir hängen würde. Als ob ich sein Vater wäre.“
Anna ging wortlos auf die Tür zur Baude zu. Sie wußte, sie mußte an Luboš vorbeigehen, sie durften den Schritt nicht beschleunigen, er durfte ihr auch nicht den Schatten einer Erregung anmerken. Gleichzeitig spürte sie, daß sie losheulen würde, wenn sie das noch eine Sekunde länger aushalten sollte.
„Vielleicht kommt mir das nur so vor“, räumte Luboš ein, als er das Lächeln auf ihrem Gesicht bemerkte.
„Wahrscheinlich“, antwortete sie mit leichter Ironie. „Vašek hängt nämlich an jedem. Das letztemal war es der Hausmeister.“
„Aber der Hausmeister ist kein Bergsteiger“, ertönte es hinter ihrem Rücken, als sie gerade die Türklinke ergreifen wollte.
Sie drehte sich um.
Luboš meinte noch beifällig: „Der unter einer Lawine begraben ist.“

Luboš setzte Anna und Vašek vor dem Hotel ab und kündigte an, er hole sie gegen acht ab. Vašek ließ seiner Begeisterung freien Lauf, doch Luboš ernüchterte ihn mit der Mitteilung, die Einladung gelte nur für Mama. Anna lehnte höflich ab, sie könne Vašek nicht allein lassen. Vašek warf einen Blick auf Luboš, woraufhin seine Augen in plötzlicher Erkenntnis aufleuchteten.
„Aha!“ rief Vašek erfreut.
Dann redete er Anna zu, sie könne unbesorgt weggehen. Sie protestierte noch, aber nicht mehr so energisch, vor allem deshalb, weil sich die Leute in der Hotelhalle schon nach ihnen umdrehten, denn Vašek hatte seiner Mutter lauthals versichert, sie könne ihn getrost auch die ganze Nacht allein lassen.

„Mach, damit du nicht zu spät kommst!“ Vašek klopfte ungeduldig an die Badtür. Er war ganz aus dem Häuschen und hatte Anna schon im Speiseraum angetrieben, sie solle nicht soviel essen und sich beeilen.
„Bring mir meine Handtasche!“ rief Anna, und als sie die Tür aufgemacht hatte, band sie ihre Haare mit einem Gummi zusammen. Vašek saß auf dem Rand der Badewanne wie auf Kohlen, als Anna die Haare wieder löste und sie dann mit Schmuckkämmen feststeckte. Sie fuhr sich leicht mit dem Lippenstift über die Lippen. Vašek hätte seine Meinung dazu gern laut von sich gegeben, aber er hielt sich zurück, denn vielleicht schnappte sie ein und blieb zu Hause. Er begriff überhaupt nicht, wie jemand vor dem Hotel, nein, nein, nein sagen und dann eine halbe Stunde lang den Pullover auswählen und sich noch dazu Parfüm darauf spritzen konnte. Vašek verfolgte mit Bangen die Zeiger der Uhr. Es war zehn Minuten nach acht.
„Also ich würde bestimmt nicht auf dich warten! Ich wäre sauer und würde weggehen!“
„Aber du weißt doch“, sagte Anna mit einem zärtlichen Lächeln, „dich würde ich nicht warten lassen.“ Sie küßte ihn auf die Wange.
Sie sah hübsch aus in dem Pulli, den Vašek noch nie an ihr bemerkt hatte!

17

„Erinnerst du dich, wie wir damals vor neun Jahren gewettet haben?“ fragte Anna. „Es war zu Silvester.“
„Und ich hab verloren?“ erkundigte sich Luboš unsicher, denn er konnte sich fast an nichts erinnern.
„Nein. Es gab Alarm. Im Obři důl war ein Mann verschwunden.“
„Ich freue mich, daß dir allmählich Einzelheiten einfallen.“ Luboš wollte aus Anna unauffällig weitere Geschichten herauslocken. Das von den Jahren verwischte Bild bekam die ersten Konturen.

„Diesen Mann habt ihr gerettet. Nach Mitternacht bist du zurückgekommen." Daran erinnerte sich Luboš auch. Er wußte, was weiter geschehen war. Jetzt nahm er den Krug in die Hand und goß den letzten Rest Wein nach.
Anna spürte, wie sich angenehme Wärme in ihrem Körper ausbreitete. Dieser Abend war eigentlich schrecklich romantisch. Luboš hatte sie in die gleiche Weinstube eingeladen, in der sie sich damals kennengelernt hatten. Hier hatte sich nichts geändert. Nur die Musikbox spielte andere Schlager, und sie waren neun Jahre älter.
Die Serviererin stellte einen vollen Krug auf den Tisch und wechselte den Leuchter mit dem flackernden Kerzenstumpf aus. Luboš nahm Annas Hand und drehte die Handfläche nach oben. Die Berührung seiner Finger riefen bei Anna ein sonderbares Gefühl hervor. Ein Glück, daß morgen alles vorbei sein würde.
„Du tust so, als könntest du die Zukunft lesen."
„Ich wette, es ist eine Ewigkeit her, als du das letztemal tanzen warst."
Anna lachte schallend. (So ein eingebildeter Kerl!) Luboš lachte auch, und kurz darauf waren sie auf dem Parkett. Anna verspürte wieder die kribblige Unruhe, die ihren ganzen Körper durchfuhr, als er sie in die Arme nahm. (Ich hätte nicht soviel trinken dürfen und müßte schon längst im Bett sein! So ein blöder Einfall, ausgerechnet hierher zu gehen!)
„Ende April oder Anfang Mai fahre ich in die Alpen. Bis dahin überleg dir das Datum."
„Was für ein Datum?" fragte Anna lachend. Sie hatte sich wieder gefangen.
„Wie du für mich das Begräbnis arrangiert hast, arrangier ich für dich die Hochzeit."
„Sag mal", Anna lachte, „wen soll ich denn heiraten?"
„Na mich natürlich!"
Anna hob die Augen, und ihre Blicke trafen sich. Wirklich, einen größeren Angeber hatte die Welt noch nicht gesehen! So eine Unverschämtheit! Das Lächeln von Annas Gesicht verschwand nicht.
„Willst du dich scheiden lassen?"
„Ich bin nicht verheiratet. Hab ich dir das nicht gesagt?"

fragte Luboš verwundert und fuhr fort: „Ich hab ein fürchterliches Gedächtnis. Ich kann mir nicht mal meine Hemdgröße merken."

„Aber daß wir gerade hier zusammen waren, das hast du dir gemerkt?" fragte Anna und wünschte sich, er würde sie näher an sich heranziehen.

Doch Luboš umarmte sie nicht fester, sondern fragte ernst: „Warum hast du nicht geheiratet, Anna?"

„Und warum du nicht?" gab sie die Frage zurück.

„Die Berge waren für mich immer anziehender." Er verstummte und Anna war froh, daß es eine Weile still war, daß sie seine Berührung spürte und es sich in ihrem Kopf angenehm drehte.

„Jetzt geht mir langsam die Luft aus in den Bergen."

„Aber für mich reicht sie gerade noch?" Sie sah ihm in die Augen.

„Nein. Für unseren Jungen."

Anna riß sich von ihm los, schlängelte sich zwischen den tanzenden Paaren durch und war weg.

Ein paar Augenblicke später saß Luboš am Tisch ihr gegenüber.

„Du brauchst mir nichts zu erklären. Ich werde dir keine Vorwürfe machen", sagte er.

Anna holte tief Luft, drehte sich um und zog ihr großes Tuch von der Stuhllehne.

„Wir kannten uns vierzehn Tage."

„Neun", berichtigte ihn Anna nachdrücklich.

Luboš ergriff ihre Hand und nahm ihr das Tuch weg, so wie man Kindern ein Spielzeug wegnimmt, damit sie sich konzentrieren und auf ernste Fragen antworten können. „Hattest du jemanden? Und ich bin dir dazwischengekommen?"

„Und was hast du die neun Jahre lang gemacht?" fragte Anna hart. Die ganze Stimmung war hin.

Luboš zögerte, er mochte nicht antworten, wollte lieber weiterfragen. Lange war es still, und schließlich fragte er doch noch: „Wen wolltest du eigentlich heiraten?"

Die Weinstube war voller Rauch. Es war stickig und heiß hier. Durch die geöffnete Tür zur Küche wehte der Gestank von verbranntem Fett herein.

Wie oft hatte sie sich diesen Augenblick vorgestellt, in dem

sie ihm ohne Umschweife alles ins Gesicht sagen würde: ihr Warten, ihr endloses Warten auf ein Klingeln, auf den Briefträger, auf einen Anruf. Auf eine einzige Nachricht, oder auf ein einziges Wort? Und er fragt sie, wen sie heiraten wollte! Mein Gott, dachte sie, wenn ich ihn damals nicht so geliebt hätte, dann hätte ich vielleicht den Mut gefunden, mich selbst zu melden. Aber so geht das nicht, nach neun Jahren aufzukreuzen und ihr Leben einfach auf den Kopf zu stellen. Sie sah ihm fest in die Augen und sagte:
„Vašek ist nicht dein Sohn."
„Du lügst", behauptete Luboš, und als sie aufstand, vertrat er ihr den Weg.
„Hier haben wir uns im Dezember 1967 kennengelernt", rekapitulierte er mit erhobener Stimme. „Im Januar bin ich in den Himalaja gefahren. Im September ist der Junge geboren. Im November sind wir alle von der Expedition zurückgekommen. Auf dem Annapurna ist keiner unter einer Lawine geblieben!" Er schrie schon fast.
Anna verlor die Nerven. Sie zerrte wütend ihren Mantel vom Haken. „Ich hoffe, du bist nicht so ein Kindskopf und erzählst das Vašek!"
Luboš drängte sich hinter ihr zwischen den tanzenden Paaren zur Tür durch. Über sein Gesicht huschte ein Lächeln. „Wenn es dir nur darum geht, dann kannst du dich auf mich verlassen."

Auf dem Weg ins Hotel sprach Anna kein Wort. Aber ihr Atem wurde ruhiger, und sie war froh, als vor ihnen endlich die erleuchtete Frontseite des Hotels auftauchte.
„Unter Bergsteigern hab ich mich immer wohl gefühlt, und ich hab jahrelang nicht gemerkt, daß ich eigentlich allein bin." Luboš ging neben ihr, zuweilen stieß er mit der Schuhspitze einen gefrorenen Schneeklumpen beiseite. Er sprach leise, und seine Stimme klang vertraulich. „Zum Beispiel letztes Weihnachten. Ich hatte eine Menge Leute um mich rum, aber keinen einzigen, der zu mir gehörte."
Er sah sie nicht an, wagte es nicht einmal, ihren Arm zu nehmen. Schließlich lief er drei Schritte vornweg und vor ihren Füßen herum, wie Vašek es manchmal machte, wenn er ihre Aufmerksamkeit auf sich ziehen wollte. „Und gerade als ich

anfing, darüber nachzudenken, taucht so ein prima Bengel auf. Und noch dazu meiner!"
Er kniete sich am Eingang zur Terrasse in den Schnee. „Gib es zu, Anna, ich bitte dich! Gib zu, daß es meiner ist!"
Anna blieb stehen, warf nur einen kurzen Blick auf Luboš und erwiderte: „Mach dich nicht lächerlich."
Sie lief um ihn herum und trat in das Licht, das aus den erleuchteten Fenstern der Halle auf die Terrasse fiel. Zum Eingang waren es nur noch ein paar Schritte.
Luboš sprang auf und überholte Anna wieder.
„Ich hatte gehofft, dich mein Leben lang nicht wiederzusehen", sagte Anna aufrichtig.
„Wenn mir heute einer im Weg steht", erklärte Luboš drohend, „dann steck ich ihn in einen Sack und werf ihn in den Fluß." Er versperrte die Tür, damit Anna nicht hineingehen konnte.
Wie Vašek und er sich ähnelten! Diese Hartnäckigkeit, dieser Starrsinn, mit dem sie ihr Ziel erreichen wollten!
„Hör mir gut zu", sagte Anna mit Nachdruck.
Luboš nickte beflissen und alberte dabei herum, doch es gelang ihm nicht, Anna aufzuheitern.
„Du kannst Vermutungen anstellen. Du kannst rechnen, aber einen Beweis, daß Vašek dein Sohn ist, hast du nicht."
Sie ging wieder um ihn herum und ergriff die Türklinke.
„Doch", sagte Luboš fest. Er wartete, bis Anna sich umgedreht hatte. „Er ist nämlich genauso phantastisch wie ich."
Er umarmte sie, und ehe sie zur Besinnung kam, küßte er sie auf den Mund. Er glaubte nicht an eine Fortsetzung, er bildete sich auch nicht ein, daß sie in seinen Armen erbeben würde, aber er hatte doch nicht damit gerechnet, eine Ohrfeige zu bekommen, daß er Sterne sah.

Vašek atmete tief in seinem Bett. Anna schaltete die kleine Lampe an, zog ihr Flanellnachthemd an, nahm eine Schlaftablette und ihre ganze Selbstbeherrschung zu Hilfe, aber in dieser Nacht schlief sie nicht ein.

18

Der Frühling meldete sich mit heftigen Regengüssen. Nach einigen Tagen besann sich das Wetter eines Besseren, und es begann fein, doch dafür ausdauernd zu nieseln. Der graue Himmel hing reglos über der Stadt.
Anna hatte beschlossen, die Tapeten abzureißen und die Wohnung malern zu lassen, und nun hoffte sie, daß sich das Wetter bis Freitag bessern würde. Am Dienstag kaufte sie Waschpulver und Bohnerwachs und fuhr nach Smíchov. In

dem kleinen Delikatessenladen an der Ecke holte sie eine Tüte gemahlenen Kaffee und wechselte ein paar Worte mit der Verkäuferin, die sie noch aus der Zeit kannte, als sie hier gewohnt hatte. Sie öffnete die Haustür und stieg über die Wendeltreppe mit dem schwarzen eisernen Geländer in den dritten Stock. Dabei überlegte sie, ob sie nicht doch besser hätte vorher anrufen sollen.
Erst nachdem sie ein paarmal auf die Klingel gedrückt hatte, bemerkte sie, daß hinter dem Namensschild aus Messing an der hohen dunklen Jugendstiltür ein Zettel steckte. Eine Weile wartete sie noch, und als niemand öffnete, zog sie den Zettel zögernd heraus: Geh Gemüse und Kartoffeln kaufen. Hol dir den Schlüssel bei mir im Keller. Eva.
Anna stellte sich die dunkle Wohnung vor. Stets verschlossene hohe Fenster, die die Wohnung vor dem Staub und

dem Lärm der Smíchover Straßen schützen sollten, die lange schmale Küche, wo sie am Tisch vor dem Fenster zum Hof die Hausaufgaben erledigt hatte. Sie sah auf die Uhr. Es war viertel sechs. Sie wollte keinem begegnen und rannte kurz entschlossen die Treppe hinunter.

Vašek war schon zu Hause, und noch bevor Anna den nassen Mantel ausgezogen hatte, meldete er zerknirscht seine Sünden. Er zeigte sein Schülertagebuch mit der Eintragung „Er tobt in der Pause auf dem Flur herum, und sein Sportzeug hat er auch vergessen." Unterschrieben hatte die Jedličková. Im Tschechischheft war das Diktat mit einer großen Drei benotet, und unten stand in der gleichen energischen Schrift und mit roter Tinte: „Form schrecklich!" Unterschrift Jedličková. Vašek gelang es auf diese Weise erfolgreich, die Aufmerksamkeit von dem neuen Regencape abzulenken, das seine Mutter gestern gekauft und er heute zerrissen hatte, als er hinter dem Hund Arnošt her durch ein Loch im Zaun auf den Schulsportplatz gekrochen war.
Vašek erwartete die übliche Predigt, doch Anna kochte Tee mit Zitrone, Buchteln und Chaudeau. Sie kontrollierte weder die Hände noch den Hals, so daß Vašek ein wenig bedauerte, daß er sich umsonst gewaschen hatte. Vor dem Einschlafen las ihm seine Mutter noch das Märchen „Über Rumzais, wie er den Wassermann beim Pflaumenklauen erwischte" vor. Vašek überkamen allmählich Befürchtungen, seiner Mutter könne etwas geschehen sein. Anna erklärte ihm, das Möbelräumen vor dem Renovieren bereite ihr Kopfzerbrechen, und die Großmutter, die sie um Hilfe bitten wollte, sei nicht zu Hause gewesen.
In Wirklichkeit ging Anna der heutige Vorfall nicht aus dem Kopf. Wovor war sie eigentlich weggelaufen? Seit sechs Jahren lebte ihre Mutter allein. Warum konnte sie nicht auch jemanden haben?
Sie erinnerte sich, daß sie solche mit energischer Schrift geschriebene Zettel täglich hinter dem Spiegel im Korridor gefunden hatte. Am Freitagabend, wenn Vater nach Hause kam, fand er anstelle einer herzlichen Begrüßung einen Zettel mit knappen Instruktionen, die geschnittenen Kartoffeln solle er sich in der Pfanne braten, und der Rostbraten sei im

Kühlschrank. Als kleines Mädchen hatte Anna ihrem Vater das Abendessen gewärmt und ihm Gesellschaft geleistet, wenn er gut gelaunt nach Hause gekommen war und sich dann verärgert, weil Mutter wieder Nachtdienst hatte, mit der Zeitung an den Tisch gesetzt hatte.

Vater hatte ursprünglich Kesselschmied gelernt, erst danach hatte er studiert, und als Betriebsingenieur fühlte er sich auf dem Bau unentbehrlich. Unter dem gleichen Gefühl der Unentbehrlichkeit litt die Mutter und glaubte, die chirurgische Station komme nicht ohne sie aus. Ihr ganzes Leben lang konnten sie sich über dieses Thema nicht einig werden. Vater wollte, daß sie mit ihm von Baustelle zu Baustelle zog (die Montage eines Elektrizitätswerkes dauerte fünf bis acht Jahre), und Mutter wiederum wollte ihn mit ihren Nachtdiensten freitags und sonnabends dazu zwingen, dieses Nomadenleben aufzugeben. Beide waren heftig und impulsiv, nicht selten gab es Streit.

Aber am Sonntagmorgen verkündete der Duft von Kaffee und Speckkuchen friedliche Stunden, und Anna hörte aus der Küche leises, vertrauliches Geflüster. In der Zeit, in denen Kinder in ihren Eltern noch ein Vorbild sehen, beschloß sie, keinem von beiden ähnlich zu werden.

Um halb zwölf in der Nacht ging Anna in Vašeks Zimmer. Sie fühlte sich wie ein Dieb, als sie seine Zeichnungen herunternahm, die an der Matte über dem Bett befestigt waren. Jede Zeichnung war anders, aber auf allen waren Berge und Bergsteiger. Anna hoffte, Vašek würde in dem Durcheinander beim Renovieren nichts merken und seine Bilder schließlich vergessen.

Vašek drehte sich in seinem Bett unruhig um, und Anna mußte eine Weile warten. Schließlich griff sie unter das Kissen und zog vorsichtig das Buch „Von Rumzais und seinem Sohn Zipfelchen“ hervor. Sie überzeugte sich, daß von Luboš kein neuer Brief gekommen war, legte die alten Briefe erleichtert in das Buch zurück und schob den „Rumzais“ wieder unter das Kissen. Im Wohnzimmer nahm sie dann noch die Gardinen ab und zog die Bezüge von den Sesseln und der Couch. Die Schrankwand deckte sie mit alten Inletts ab. Es war schon nach zwei, als sie den Wecker auf halb sieben stellte und fest einschlief.

Je näher die Hauptproben rückten, desto mehr steigerte sich im Theater die Nervosität. Der Inspizient vertrieb die Spannung mit schwarzem Humor, und die Requisiteuse kochte jede Menge nicht minder schwarzen Kaffee.
Anna schloß sicherheitshalber die Augen, als sie zum erstenmal die Perücke probierte. Schließlich schaute sie in den Spiegel: Die schwarze Haarflut reichte ihr bis zum Gürtel. „Jetzt fehlt mir bloß noch eine Kurbel für das Karussell", sagte sie skeptisch.
„Aber Anička", meinte Osvald, ein kleines Männlein, das fast ein Vierteljahrhundert Perücken anfertigte. „Eine römische Sklavin kann keine blonden Strippen haben."
„Ich will nicht kleinlich sein. Aber so eine Last kann nicht mal ein Elefant tragen. Und von dem verlangt keiner, daß er einen Meter hoch springt."
Und so fielen die schwarzen Haare trotz aller Proteste unter den Händen des unglücklichen Osvald zu Boden, und Anna ließ nicht locker, bis er alle überflüssigen Strähnen abgeschnitten hatte.
In ihrer Garderobe saß Helena in Tränen aufgelöst, weil ihr schon zum drittenmal beim Training das Kleid unterm Arm geplatzt war. Helena alternierte die Phrygia mit Anna. Im Unterschied zu Anna war sie seit frühester Kindheit zur Liebe zum Theater und zum Ballett erzogen worden, und die Eltern förderten in ihr den Ehrgeiz, sich hervorzutun. Manchmal erschien sie Anna wie eine Orchidee im Treibhaus.
„Wenn du es zu was bringen willst, dann darfst du dir die Bemerkungen der Jeřábková aus der Kostümbildnerei nicht zu Herzen nehmen", sagte Anna und fügte noch ein paar nützliche Ratschläge hinzu.
Als die Tür sich hinter Helena geschlossen hatte, streckte sich Anna auf dem Sofa aus. Bevor die sich unten einig werden, konnte sie noch einen Augenblick die Augen zumachen. Aber auf dem Flur brach Geschrei los. Anna bedeckte ihre Ohren mit einem Kissen.
Sie erinnerte sich, wie gern sie zum Training gegangen war, wie ihr die sauber gescheuerten Dielen, die Spiegel des kleinen Saales und die beleibte Pianistin im rosa Pullover gefallen hatten, die ein verblühtes Gesicht hatte und sich Marylin

nennen ließ. Von ihren Lippen hing eine ewig brennende Zigarette, und sie schloß versonnen die Augen, wenn sie den Mädchen den Walzer aus „Coppélia“ vorspielte. Unter den anderen Mädchen fühlte sich Anna nicht so mager, und hier lachte niemand sie aus. Bezaubert von der schummrigen Theateratmosphäre, träumte sie vorm Einschlafen und beim Unterricht in der Schule. Ihre Träume waren nicht hochfliegend. Sie hielt es für den Gipfel des Glücks, Gruppentänzerin zu werden. Da war sie neun Jahre alt. Als sie ihren dreizehnten Geburtstag feierte, kam ein Brief von Vater.
Die Mutter saß ein paar Stunden schweigend in der Küche, und dann eröffnete sie Anna, daß sie im September mit dem Vater auf eine Baustelle nach Syrien fahren würden. Sie erklärte ihr, ein verheirateter Mann könne nicht drei Jahre lang ohne die Frau wegfahren, und deshalb habe sie beschlossen, sich zu opfern (zum erstenmal in ihrem Leben). Doch damals stieß sie unverhofft auf Annas Widerstand. In dem Streit zwischen Mutter und Tochter stellte sich heraus, daß die Ballettschule der Mutter bisher als schlagendes Argument gedient hatte, warum die Familie nicht von Prag wegziehen konnte. In der neuen Situation hatte sie für die Mutter keinen Sinn mehr, und deren Behauptung, aus dem Ballett würde sowieso nie etwas werden, bestärkte Anna in dem Entschluß, daß sie bleiben mußte. Sie lief weg zu den Großeltern nach Michle.
Das Vorstadthaus mit Ausblick auf den rauchenden Schornstein des Gaswerks wurde ihr neues Zuhause. Der Großvater hatte den Hof mit einem rostigen Zaun umgeben. Im Sommer reiften am Kaninchenstall die Johannisbeeren, und hinter dem Zaun dufteten Blumen. Sie kamen sich verabschieden. Der Vater machte Anna keine Vorwürfe, die Mutter stand lächelnd neben ihm, und sie sah sich gar nicht ähnlich in dem weißen Kleid mit den roten Blumen, das ihre kräftige sportliche Gestalt umspannte. Sie fuhren weg.

Anna beschloß definitiv, Vašek nicht mit zur Generalprobe zu nehmen. Gelegenheiten, bei denen er Jindřich als Helden erleben konnte, würde es noch genug geben. Sie wollte sich nicht eingestehen, daß sie skeptisch geworden war.
Nach dem Renovieren suchte Vašek seine Bilder. Er ließ

nicht locker, bockte und weinte. Anna stimmte das nicht um. Geduldig erklärte sie, daß die Zeichnungen verschwunden seien und sie sie nicht finden könne. Zu guter Letzt begann Vašek zu fragen. Die Antwort auf die Frage, warum Anna den Annapurna nicht mochte, gehörte zu den leichtesten.

Die Bilder fanden sich wieder.

Für den Dienstag stand die erste Hauptprobe bevor, und abends lag ein Brief im Briefkasten.

Vašek jubelte. Anna war verzweifelt.

Luboš teilte das Datum seines Besuchs mit.

Am Donnerstagvormittag verkündete die Jedličková im Lehrerzimmer, dieser Benda sei unerträglich, und rief das Theater an, um mit seiner Mutter zu sprechen.

Zum Glück für Anna war ständig besetzt, und so erfuhr Anna weder, daß Vašek das Anschauungsmaterial nicht in den Geographieraum gebracht hatte, noch daß er beim Sportunterricht am Seil bis zur Decke hochgeklettert war, während Herold ihn unten in der ganzen Turnhalle gesucht hatte.

Die Jedličková erhöhte ihre Wachsamkeit und paßte wie ein Schießhund auf Vašek auf. Sie hatte auch im Essenraum ein Auge auf ihn, damit er sich nicht vordrängelte. Sie nahm ihn zu sich an den Tisch und wachte darüber, daß er einen vollen Teller Makkaroni mit Tomatensoße aß. Kaum drehte sie sich jedoch zum Nebentisch um, wo die Schüler der ersten Klasse Tee verschüttet hatten, löste sich Vašek in Luft auf.

Er lief die Abkürzung an der Tankstelle vorbei wie um sein Leben. Erst das Hupen des Milchautos, das an den Fußweg heranfuhr, hielt ihn auf. Vašek sprang auf das Trittbrett, und Standa zog ihn hinein.

„Wohin denn so eilig?“ fragte der Schofför.

„Heute kommt mein Vater!“ berichtete Vašek stolz und schnappte nach Luft.

„Der Ersatzvater“, präzisierte Standa gewichtig. „Er hat ihm neun Briefe geschrieben.“

Der Schofför gab Gas und schob sich die Mütze in den Nakken. Er zwinkerte Vašek zu.

„Na, und wie ist er?“

„Groß. Anführer beim Bergdienst.“

19

Obwohl Jindřich rechtzeitig allen eingeschärft hatte, daß bei der Hauptprobe alles klappen müsse, war es halb zwölf noch nicht einmal losgegangen. Bis elf hatte man auf den Belag für den Bühnenboden gewartet, obwohl der Bühnenbildner schon bei der Dekorationsprobe darauf hingewiesen hatte, daß die Jute noch einer Unterlage bedurfte. Kulissen wurden zu schnell herunter und zu langsam hinaufgezogen, die Schwerter waren zu leicht und die Schilde zu schwer, und der Waffenmeister war nicht aufzufinden.
Um zwei Uhr zehn, als die Probe in vollem Gange war, betraten Luboš und Vašek das Vestibül. Niemand war da, nur die Putzfrau saugte den dunkelroten Plüschteppich.
„Mama hat gesagt", flüsterte Vašek, „wir sollen draußen auf sie warten."
Luboš rückte seinen Bergsteigerrucksack zurecht und öffnete den Reißverschluß seiner dunkelgrünen Kutte.
„Also gehn wir rein", beschloß er und trampelte mit seinen Bergstiefeln über den grauweißen Marmor.
„Pst!" zischte Vašek, als sie an einem Mann auf einer Leiter vorübergingen, der die Kristallampen reinigte, die neben dem Spiegel mit massivem Goldrahmen hingen.
„Hier darf keiner rein!" Er zeigte auf die Saaltür, von wo Musik zu hören war, und öffnete leise.
Im ersten Augenblick sah Luboš nichts, spürte nur einen matten Duft. An eine Loge gelehnt, stand hier eine römische Kurtisane in silberner Toilette. Luboš bestaunte die Frisur, die die Haare mit weißen Ringen zu einem hohen Kegel formte, aber Vašek zog ihn weiter. Sie setzten sich in der dreizehnten Reihe an den Rand. Im Halbdunkel des Zuschauerraums saßen in grauen oder rosafarbenen Musselingewändern die Hetären. Die eine aß ein belegtes Brot, eine andere massierte ihren Knöchel, und eine dritte nahm ihre Wimpern ab. Vašek stieß Luboš mit dem Ellbogen an.
„Guck mal!" Er wies mit einer Kopfbewegung auf die Bühne, wo eine Tänzerin in wilden rhythmischen Sprüngen einen Kreis beschrieb. Ihre schwarzen Haare fielen ihr bis auf den Rücken.

„Ist das Mama?“ flüsterte Luboš fassungslos.
Vašek nickte mit Kennermiene.
„Donnerwetter, da steckt Dampf dahinter!“ sagte Luboš bewundernd, und kaum hatte er daran gedacht, daß so eine Leistung für die Meisterschaften in der Gymnastik genügen würde, war sie verschwunden. Im Lichtkegel auf der Bühne tauchte ein Mann mit nacktem Oberkörper auf. Die Musik verstummte.
Geblendet von der Sonne suchte er die Frau, die ihm aus den Augen entschwunden war. Eine Harfe erklang: eine rosig angehauchte Landstraße, die sich zum Horizont hinzieht. Violoncello und Viola: feurigrote, heißglühende Erde. Streicher: blaugrüne Pinien im Seewind. Klarinetten: erhitzte weiße Steine in leichtem Schlummer. Flöten: Sinfonie der Zikaden. Und dann floß dieser Strom zu einer einzigen Stimme zusammen, in ein berauschendes Liebeslied. Luboš fröstelte. Er spürte, wie sich Anna diesem Mann näherte; war er ein Sklave, der im frühen Morgengrauen die eisernen Gefängnisgitter herausgebrochen hatte? Oder war er ein zum Leben erwachter Gott der antiken Sagen? Die Liebessehnsucht lockte sie immer näher. Wind kam auf und schlug in die Saiten. Sie lief los, wurde schneller, sprang. Sie flog durch die Luft. Und in diesem Flug fing er sie mit seinen Armen auf.
Luboš sah voller Staunen zu, wie dieser fremde Mann die Armmuskeln anspannte und sie hoch über seinem Kopf trug. Dann, als er sie auf die Erde herunterließ, preßte sie sich an ihn, und er umarmte sie.
Vašek schaute Luboš von der Seite an und zog ihn am Ärmel.
„Heute schlafen wir zusammen in meinem Zimmer“, flüsterte er verheißungsvoll.
Luboš beugte sich zu Vašek, ohne den Blick von der Umarmung der Liebenden zu reißen.
„Wer ist der Kerl?“
„Onkel Jindřich.“
Knieten sie im Gras? Oder war das der Sandstrand des grünen Meeres?
Vašek zwinkerte Luboš aufmunternd zu. „Mir gefällt er nicht“, versicherte er ihm treuherzig, „er ist kein Kumpel,

und er mag keine Hunde."
Waren sie im Schatten einer sarazenischen Mauer zur verwunschenen Mittagszeit, oder dämmerte es schon? Annas Beine, schlank und braun, berührten seinen kräftigen nackten Körper. Er lag auf dem Rücken und zog sie immer näher zu sich heran.
Luboš reckte sich in seinem Sessel, aber Vašek packte ihn am Ärmel und zog ihn zurück.
„Er ist blöd", flüsterte er überzeugend.
Wie war das geschehen? Daran konnte sich Luboš nicht erin-

nern. Er wußte nur, daß ein unterdrückter Lachanfall von ihm Besitz ergriff, dann fiel Vašek ein, und sie lachten beide aus vollem Halse.
Zuerst schimpfte jemand, dann ging das Licht an, und Jindřich stand an der Rampe, über seinen Körper liefen Schweißtropfen, und er schrie hinunter in den Orchesterraum, obwohl längst keine Musik mehr spielte:
„Schluß! Schluß! Schluß!"

„Also das ist der Annapurna", sagte Vašek und tippte mit seinem tintenblauen Zeigefinger auf den Gipfel eines spitzen Berges in der Mitte eines Zeichenblattes.
„Und hier?" fragte Luboš. Er saß auf der Couch, und ein seltsames Gefühl überkam ihn, als er die zwei Bilderreihen betrachtete, die an der Matte befestigt waren.
„Auch der Annapurna", antwortete Vašek und spielte seine

Rolle als Reiseführer mit seiner schmutzigen Hand weiter. „Das hier hab ich verschmiert." Er zeigte auf ein Blatt voller roter Flecke, in denen nur jemand mit blühender Phantasie vier Bergsteiger erkennen konnte.
„Das hab ich im Dezember gemalt."
Luboš sah ein schwarzes, von Bergen umgebenes Zelt, vor dem Zelt brannte ein Feuer im Schnee. In der rechten unteren Ecke stand in Druckbuchstaben: HOCHLAGER AUF DEM ANNAPURNA.
„Und was ist das?" fragte er.
Auf einem schwarzen Blatt leuchteten weiße Berge, in der Mitte stand ein grüner Baum und darunter lagen fünf bunte Pakete.
„Da war ich fünf", sagte Vašek.
„Und was bedeuten der Weihnachtsbaum und die Päckchen?"
„Na für Vater. Damit er zu Weihnachten nicht allein ist."
Luboš konnte die Augen nicht von der kleinen schmutzigen Hand mit dem blauen Fleck am Finger losreißen. Er spürte, wie Wärme in ihm hochstieg, bis in seine Augen, und als er den Jungen näher an sich heranzog, spürte er auch dessen Wärme, die für ihn bisher unbekannte Wärme eines Kindes.
„Ich nehme dich mit. Wenn du groß bist."
Vašek sah ihn staunend und vertrauensvoll mit großen, weit aufgerissenen Augen an. „Wirklich?"
Luboš nickte. „Hast du das Foto?" fragte er und zwinkerte Vašek vielsagend zu.
„Ich hab es versteckt." Vašek nickte und senkte die Stimme. „Vor Mama."
Er sprang auf den Teppich und verschwand unter der Couch.
Luboš ging in den Korridor. Aus dem Bad drang das Plätschern der Dusche. Mit einer großen, mit einem Strick verschnürten Schachtel kam er zurück und schloß leise hinter sich die Tür.
Messer, Strick, ein Beutel mit Abzeichen, Angelhaken und alte Patronenhülsen, das waren Vašeks Schätze, die er im Koffer verstaut hatte. Unten auf dem Boden lag ein aus einer Zeitschrift ausgeschnittenes Foto, alt und abgegriffen, von

ungeschickter Hand auf ein Stück Pappe geklebt.
Luboš setzte sich auf den Teppich neben Vašek.
„Ich werde raten“, schlug er vor.
Die Gesichter der Bergsteiger auf dem Foto waren kaum noch zu erkennen. Luboš zeigte ohne zu zögern auf einen bärtigen Mann in der zweiten Reihe, der alle anderen sichtlich überragte.
Vašek riß die Augen auf. „Du hast Vater gekannt?“
„Kannst du schweigen?“ flüsterte Luboš verschwörerisch, und Vašek nickte.
„Auch gegenüber Mama?“ Vašek nickte wieder, und Luboš tippte noch einmal auf den Mann auf dem Foto. „Also das bin ich.“
„Das bist du nicht. Das ist mein Vater“, widersprach Vašek laut.
„Er ist einen Kopf größer als die anderen!“
„Das ist dein Vater, und ich bin es auch“, flüsterte Luboš und sah Vašek in die Augen, der auf allen vieren auf dem Teppich hockte. „Das bedeutet was?“
„Also das weiß ich nicht!“ stieß Vašek hervor und blieb auf der Hut.
„Das bedeutet, daß ich dein Vater bin!“
„Das stimmt nicht! Das bist du nicht!“ schrie Vašek und nahm das Foto an sich. „Das ist *mein* Vater!“
„Und warum könnte ich das nicht sein?“ fragte Luboš geduldig.
Er spürte, daß etwas nicht stimmte, aber er hatte beschlossen, sich nicht beirren zu lassen, und fuhr fort: „Ich stehe auf einem Stein. Deshalb bin ich einen Kopf größer als alle anderen. Verstehst du das jetzt?“
„Nein!“ schrie Vašek, und sein Gesicht wurde rot vor Zorn. „Mein Vater ist tot! Er ist ein Held!“
In diesem Augenblick öffnete sich mit einem Ruck die verglaste Tür, Anna stand in ihrem Frotteebademantel und mit einem Handtuchturban auf dem Kopf auf der Schwelle.
„Was ist denn das hier für ein Krach?“
„Luboš lügt“, petzte Vašek sofort.
„Anna, bitte, sei nicht böse“, sagte Luboš. Er sah schuldbewußt aus, als er sich vom Teppich erhob, und als er zu ihr trat, gestand er leise: „Ich hab es Vašek gesagt.“

Anna stand ein paar Sekunden reglos, dann sagte sie verächtlich: „Idiot! Wie kann man nur so eitel sein!“ Sie wandte sich um und knallte hinter sich die Tür zu, daß das Glas klirrte.
Es war still.
Vašek saß auf der Couch, mit dem Foto in der Hand, Luboš würdigte er keines Blickes.
„Hast du ein Taschenmesser?“ fragte Luboš.
Vašek schwieg. Luboš kniete sich auf den Teppich und nahm das Messer aus dem Köfferchen. Er schnitt den Strick durch und öffnete den Deckel der Schachtel.
„Diese Autos hab ich fünf Jahre lang gesammelt. Jetzt gehören alle dir.“
Vašek interessierte nicht eins von den vierhundertsiebenundsechzig Autos. Mit gerunzelter Stirn betrachtete er abwechselnd den Mann auf dem Foto und Luboš. Schließlich stand er auf, doch zu Luboš' Verwunderung sprang er über die Schachtel und lief aus dem Zimmer in die Küche.
„Du darfst ihn nicht ernst nehmen, Mama. Er ist ein schrecklicher Spinner“, sagte Vašek und stieg auf das Sofa. „Und schimpf nicht mit ihm, wenn er bei uns zu Abend ißt.“
Anna richtete ihre Augen auf Vašek und dann an ihm vorbei auf die Tür. Auf der Schwelle stand Luboš mit zerknirschtem Gesichtsausdruck.
„Ich helf dir“, sagte Vašek zu Anna, um zu zeigen, auf wessen Seite er stand.
„Ich auch“, schloß sich Luboš an, ging schnell um den Tisch herum und stellte sich neben Anna, die den ausgewalzten Teig auf dem Nudelbrett in Vierecke schnitt.
Vašek nahm aus der weißen Schüssel mit einem Löffel Fleischfüllung und klatschte sie auf das erste Viereck. Dabei warf er Luboš einen geringschätzigen Blick zu.
„Mama, wieso kannte Luboš Vater?“
Anna schwieg, und als sie nach der Mehltüte griff, begegnete sie für einen Augenblick Luboš' Augen.
„Ich hab ihn nicht gekannt“, wandte Luboš unsicher ein und wünschte, Anna würde ihm ein Zeichen geben, wie er sich verhalten sollte. Aber Anna sah ihn nicht mehr an.
„Warum lügt er? Er hat ihn auf dem Foto gezeigt!“

Anna antwortete nicht. Luboš schwieg.
„Also warst du nun sein Freund?“ attackierte Vašek Luboš und fuchtelte dabei mit dem Löffel. „Ja oder nein?“
Luboš suchte Hilfe bei Anna, doch die legte schweigend die gefüllten Teigtaschen zusammen. Luboš zuckte hilflos die Schultern.
„Ich weiß nicht.“
„Aber ich weiß es!“ fauchte Vašek und zeigte mit dem Löffel auf ihn. „Du hast ihn unter der Lawine im Stich gelassen!“
Grabesstille trat ein.
„Also verdammt noch mal, Anna!“ rief Luboš gereizt. „Nun sag doch endlich was!“
„Laßt mich in Ruhe. Alle beide“, sagte Anna und schob das Blech voller Piroggen in die Backröhre.
Es war so still, daß sogar das Ticken des Weckers zu hören war, den Anna auf zwanzig Minuten eingestellt und neben den Herd gelegt hatte.
Luboš knetete verlegen eine Teigkugel, und Vašek aß die Füllung aus der Schüssel. Anna hatte beiden den Rücken zugekehrt und schnitt Zwiebeln. Das regelmäßige Hacken des Messers auf dem hölzernen Brett war zu hören.
„Wenn mein Vater leben würde“, sagte Vašek und setzte sich auf den Tisch, „wäre er jeden Abend mit mir zusammen gewesen. Wir wären ins Kino gegangen und hätten einen Hund.“
Luboš war verwirrt. „Dein Vater wußte nicht, daß du auf der Welt bist“, sagte er sanft und faßte Vašek unters Kinn, damit ihm der Junge in die Augen sehen mußte. „Sonst wäre er zu dir gekommen.“
Annas Hände hielten an. Das ging über ihre Kräfte! Das würde sie Vašek nie erklären können!
„Und warum ist er nicht zu Mama gekommen?“ fragte Vašek. „Daß Mama auf der Welt ist, das wußte er doch!“
Er sprang herunter und schmiegte sich an Anna. „Mama“, rief er und zupfte an ihrem Morgenmantel.
Anna reagierte nicht.
„Mama!“ Er ergriff wieder ihren Mantel, diesmal zerrte er mit ganzer Kraft daran. Was war bloß hier los? Warum wollte Mama ihn nicht mal ansehen?
„Mama, ist er wirklich mein Vater?“

Anna schwieg.
Luboš schwieg ebenfalls. Er spielte mit dem Messer und polkte Teigreste vom Nudelbrett.
„Also ja oder nein?“ schrie Vašek.
„Laß mich in Ruhe.“
Anna bemühte sich mit aller Kraft, das Weinen zu unterdrücken. Aber die Hoffnung auf Rettung war gleich Null.
„Ich will das wissen!“
Endlich drehte sich Anna um. Sie wischte die Hände am Geschirrtuch ab und sah Luboš mit Tränen in den Augen an.
„Ja, das ist dein Vater“, sagte sie hart.
Vašek schaute seine Mutter fassungslos an.
Er sah Luboš an. Schweigend.
Dann ging er langsam zur Küchentür, riß sie auf und knallte sie von draußen wieder zu.
Anna warf das Geschirrtuch wütend beiseite und schrie: „Weißt du, was du angerichtet hast? Weißt du überhaupt, was du getan hast? Geh weg! Ich will dich nicht sehen!“ Sie drehte sich wieder zur Wand um, weinte und schnitt weiter Zwiebeln, als ob dies die wichtigste Angelegenheit von der Welt wäre.
Luboš spürte, wie ihm die Luft knapp wurde und atmete tief durch. Er trat dicht an Anna heran, daß er ihren erregten Atem hörte, und als er ihr die Hand auf die Schulter legte, schrie Vašek:
„Geh von Mama weg! Geh weg von uns!“
Er stand in seinem karierten Hemd an der Tür, die Hosen hingen an Hosenträgern, und auf dem Kopf hatte er die Mütze mit der bunten Bommel. Und weil auf seiner düsteren Stirn eine leichte Falte stand, war auch Luboš klar, daß Vašek es völlig ernst meinte.

Anna deckte den Tisch, und als Vašek den Teller wegschob (obwohl er keinen Bissen gegessen hatte), ließ sie ihn in Ruhe und sagte, wenn seine Hausaufgaben erledigt wären, könne er schlafen gehen.
Sie legte die Piroggen auf eine Schale, deckte sie mit einem Tuch ab und stellte sie in die Speisekammer. Dann wusch sie das Geschirr ab, wischte die Küche und lüftete das Kinderzimmer.

Als Vašek die Lampe ausgeknipst hatte, setzte sie sich in der Küche auf einen Stuhl am Fenster. Endlich war sie allein! Die endlose Stunde, seit die Tür hinter Luboš zugeschlagen war, lag hinter ihr. Was war eigentlich geschehen?
Plötzlich konnte sie sich an nichts mehr erinnern, sie fühlte sich wie in einem bösen Traum. Sie zog ihren Morgenmantel aus, wusch sich die Augen, nahm ein frischbezogenes Kissen und eine Decke aus dem Schrank. Dann löschte sie in der ganzen Wohnung das Licht, und erst als sie sich hingelegt hatte, begann sie leise zu weinen.
„Bist du froh, Mama, daß er weg ist?“ ertönte es aus der Dunkelheit. Vašek schlich im Schlafanzug zum Bett. Anna drehte sich auf die andere Seite, mit dem Gesicht zur Wand.
„Geh schlafen, Vašek, geh!“
Aber Vašek hatte Gewissensbisse, daß er seiner Mutter einen Bräutigam vertrieben hatte. Er schwang sich aufs Bett und kroch unter die Bettdecke.
„Mami, wein doch nicht“, flüsterte er ängstlich. „Du hast doch mich. Ich bleib bis zum Tod bei dir. Jeden Tag.“

20

Die Aprilregen wichen klaren, windigen Tagen. In der Nacht vom Dienstag zum Mittwoch begann es wieder zu regnen, und es goß ununterbrochen den ganzen Vormittag. Luboš kam kurz nach elf vor der Schule an. Mittags verließen eine Menge Kinder die Schule, doch Vašek war nicht unter ihnen.
Luboš erwog im Lehrerzimmer zu fragen, aber dann verwarf er diesen Gedanken. Ziellos schlenderte er über den Parkweg und beobachtete die Regentropfen, die beim Aufprall auf den Asphaltweg wie kleine Geysire auseinanderspritzten.
In diesem Augenblick fegte ein Windstoß durch den Park, die nassen Baumkronen wurden geschüttelt, und mit einemmal war es dunkel. Luboš konnte sich gerade noch unter das Dach der Tankstelle flüchten, da ging ein Wolkenbruch nieder. Voller Unbehagen schaute Luboš abwechselnd auf die

Uhr und auf den Himmel. Gegen halb eins verzog sich das Gewitter und wurde von Dauerregen abgelöst, und Luboš ging in den Park zurück.
Kurz vor eins stürmte ein Schwarm Kinder aus der Schule. Ein Autobus vermeldete mit der Hupe seine Ankunft an der Haltestelle. Die Kinder rannten an Luboš vorbei, drängelten hinein, und der Bus fuhr ab.
Luboš grübelte darüber nach, was Anna ihm gesagt hatte. Er glaubte nicht, daß sie recht hatte. Ihm würde es gelingen, alles in Ordnung zu bringen. Dessen war er sich sicher. Jetzt durfte er bloß Vašek nicht verpassen!
Als er sich zur Schultür umwandte, sah er ihn. Im Regencape und mit der Tasche auf dem Rücken trabte er an den Sträuchern entlang. Luboš konnte sich nicht irren, er erkannte Vašek an der großen Bommel. An der Wegbiegung holte ihn ein kleinerer Junge in einem Regencape mit Kapuze ein, und beide flitzten auf den Weg, der zur Tankstelle führte. Zehn Meter vor Luboš blieben die Jungen stehen.

„Guck mal, mein Vater, er ist pünktlich wie eine Uhr!" rief der Kleine mit dem dunklen Teint und sauste los.
Vašek setzte ihm nach, und Luboš trat ihm lächelnd einen Schritt entgegen. Doch Vašek schlug im letzten Augenblick einen Haken, rannte mitten durch eine Pfütze und auf den Fußgängerüberweg zu.
Auf der anderen Straßenseite hielt ein Milchauto. Noch lange, nachdem die Jungen im Fahrerhaus verschwunden

waren und das Auto weggefahren war, stand Luboš und sah ihnen nach.

Die zweite Hauptprobe endete um drei Uhr, zwanzig Minuten dauerte die Auswertung, und bis Anna geduscht hatte, war es schon fast dreiviertel vier. Sie schlüpfte schnell in die Bluse und knöpfte ihren braunen Tweedrock zu. Wenn sie mit Vašek um halb sechs im Kino sein wollte, mußte sie sich beeilen. In der Mittagspause hatte sie auf dem Wenzelsplatz Karten geholt, denn nach der schlaflosen Nacht war sie zu der Erkenntnis gelangt, es wäre für beide das beste, wenn sie so schnell wie möglich auf andere Gedanken kämen.
„Weißt du, wer mich heute morgen angerufen hat?" Jindřich betrat die Garderobe und schloß hinter sich die Tür. „Deine Mutter."
Anna hängte gerade Handtücher auf und sah sich ungläubig um, doch ihr fiel kein einziger Grund ein, warum sich Jindřich so etwas ausdenken sollte.
„Du fragst gar nicht, was sie von mir wollte!"
„Das kann ich mir vorstellen", sagte Anna und nahm ihren Bademantel vom Sofa. „Daß du dich scheiden läßt."
„Scheiden?" wiederholte Jindřich entgeistert.
Anna antwortete nicht gleich. Sie verspürte nicht das Bedürfnis, Erklärungen abzugeben.
„Manchmal muß man auch seine Eltern belügen, damit sie Ruhe geben", sagte sie schließlich und sah Jindřich in die Augen. „Ich wäre nie der Fragerei entgangen. Was Heiraten betrifft, da ist meine Mutter altmodisch, weißt du?"
Anna wunderte sich selbst, daß sie so sachlich über Dinge sprechen konnte, die sie viele Jahre gequält hatten.
„Soll ich das so verstehen", fragte Jindřich, „daß deine Mutter sich freuen würde, wenn wir heirateten?"
„Das ist doch völlig schnuppe", antwortete Anna gereizt. Sie war ärgerlich, denn sie hatte die Kinokarten verlegt. Die Handtasche, den Pelzmantel und das Schubfach mit der Schminke hatte sie schon durchwühlt.
„Und du, möchtest du?" fragte Jindřich und umfaßte von hinten ihre Taille.
„Vier Jahre lang habe ich mir nichts anderes gewünscht", antwortete Anna ironisch und wollte seine Hände wegschie-

ben. Aber Jindřich ließ sie nicht los.
„Und heute?“ Er verstummte. „Willst du nicht mehr?“
„Heiliger Vater!“ rief Anna aufgebracht. „Müssen wir denn ausgerechnet jetzt darüber reden?“
Sie schob Jindřich mit einer einzigen Bewegung beiseite. „Als ob wir nicht beide von der Probe geschafft wären!“
Im großen Spiegel sah sie, wie Jindřich sich neben der Tür an die Wand lehnte.
Endlich! Da waren sie! Die Kinokarten steckten am Spiegelrahmen. Als sie nach ihnen griff, sah sie im Spiegel, wie sich die Tür hinter ihr öffnete. Anna drehte sich mit einem Ruck um. Das Spiegelbild hatte sie nicht getäuscht. Alle beide standen da, an jeder Seite der offenen Tür einer.
„Ich hab zwei Stunden vor der Schule gewartet“, sagte Luboš mit belegter Stimme. Seine Hände steckten in den Taschen, die Kutte war durchnäßt, aus seinen Haaren tropfte Wasser.
„Na und?“ fragte Anna nervös.
„Nichts“, antwortete Luboš. Ihm machte es offenbar nichts aus, daß sie nicht allein waren.
„Ich habe dich gewarnt“, rief Anna vorwurfsvoll und schüttelte bekümmert den Kopf. Für den Bruchteil einer Sekunde verstummte sie, und Jindřich setzte sich in Bewegung. „Ich wußte, daß Vašek das nie begreifen würde!“
Jindřich ging an Luboš vorbei, ohne daß einer den anderen ansah. Luboš wartete, bis Jindřich draußen war und schloß hinter ihm die Tür.
„Darf ich zu euch kommen?“
Anna antwortete nicht. Im stillen ärgerte sie sich, daß sie nicht imstande gewesen war, die beiden einander vorzustellen.
„Um halb sechs?“ drängte Luboš. „Um sechs?“
„Interessiert es dich nicht mal, wer das war?“ fragte sie angriffslustig.
Luboš interessierte es nicht. Er trat dicht an sie heran. „Ich komme also heute abend.“
In Anna stieg eine Woge des Zorns auf, mit einemmal sträubte sich alles in ihr. „Ich kenn dich kaum“, sagte sie mit erhobener Stimme. „Du mich auch nicht! Und den Jungen machst du damit verrückt, daß wir zusammen leben wollen!“

„Ich fürchte, er will nichts mehr von mir wissen", sagte Luboš kleinlaut.
„Und darüber wunderst du dich? Du hättest dich früher für uns interessieren sollen! Du hättest schreiben können! Wenigstens ein paar Zeilen!" Anna warf erregt ihre Sachen in die Handtasche. Wenn sie jetzt nicht gleich losging, kam sie zu spät nach Hause und schaffte es nicht mehr rechtzeitig mit Vašek zum Kino.
„Warum hast du mir nicht geschrieben, daß du ein Kind erwartest?"
„Wohin?" fragte Anna und sah ihm in die Augen. „Nach Asien? Lager Nummer vier? Oder fünf?" Sie dachte daran, wie sie jeden Tag auf den Briefträger gewartet hatte und wie sie abends gefiebert hatte, ob sie einen Brief im Kasten finden würde, wenn sie morgens früh aus dem Haus gegangen war. „Meine Adresse hattest du, oder nicht?"
„Ich bin zurückgekommen", sagte Luboš, als wären ihre Worte kaum in sein Bewußtsein gedrungen. Er setzte sich auf den mit Plüsch bezogenen roten Hocker.
„Von deiner Rückkehr hab ich aus der Zeitung erfahren. Vašek war zwei Monate und sieben Tage alt", sagte sie rauh und zog den Reißverschluß der Handtasche zu.
Luboš ergriff sie fest am Handgelenk. „Warum wolltest du, daß Vašek mich nie kennenlernt? Was hab ich dir getan?"
Er zwang sie, sich ihm gegenüber hinzusetzen, erst dann ließ er sie los. Anna blieb sitzen, aber sie sah ihn nicht an, ihre Finger massierten das schmerzende Handgelenk.
„In der Nacht, als du von der Rettungsaktion im Obří důl zurückkamst, warst du in meinen Augen ein Held", sagte sie leise. Sie spürte Luboš' starren Blick. „Ich dachte, du freust dich über uns, wenn du aus dem Himalaja zurückkommst."
Was sollte sie ihm erzählen? Daß alle recht gehabt hatten? Daß er sie in dem Augenblick vergessen haben würde, als er sie auf dem Bahnhof aus den Augen verlor?
„Daß du dich freuen würdest, wenn ich genauso tapfer bin wie du. Weil ich das Kind behalten habe. Weil ich es verteidigt habe, gegen alle."
Luboš protestierte verwirrt. „Aber wenn du mir geschrieben hättest, daß der Junge da ist ..."

„An mich hast du keinen Gedanken verschwendet, und du wärst vor Glück außer dir gewesen, daß du ein Kind hast?“ Anna stand auf und nahm den Mantel und den Schirm aus dem Schrank. Sie erinnerte sich genau, wie damals bei jedem Telefonklingeln ihr Herz losgehämmert hatte. Sie erinnerte sich an all die Verzweiflung, an die endlosen Stunden, Tage und Wochen, in denen sie noch gehofft hatte, daß ein Wunder geschieht. Es geschah kein Wunder.
„Wann fährst du weg?“
„In vier Tagen“, murmelte Luboš. Er blieb auf dem Hocker sitzen und starrte vor sich hin.
„Vašek braucht Zeit, das zu verkraften.“
Anna ging aus der Garderobe und schloß hinter sich die Tür.

21

Aus dem Kinobesuch wurde ohnehin nichts. Vašek lag mit geschwollenem Gesicht auf der Couch und sprach kein Wort. Anna kochte Kamillentee zum Spülen und zum Abendessen Grießbrei. Sie probierte alle bewährten Spiele, um Vašek zum Lachen zu bringen, aber diesmal funktionierte kein einziges. Er stand auf der Fußbank vor der Waschschüssel, nackt, mit hängendem Kopf, und sie wußte, daß keine Macht der Welt stark genug war, seine Mundwinkel zu einem Lächeln zu bewegen.
Karla brachte eine Postkarte und bat Anna, für sie das Buch abzuholen, das gerade im Buchklub herausgekommen sei. Sie hätte auch gern das neue Kochbuch „Fischspezialitäten“.
Anna versprach, alles zu tun, was in ihren Kräften stand. Sie entschuldigte sich, weil das Telefon wieder klingelte, doch als sie die Tür hinter Karla geschlossen hatte, ging sie nicht zum Telefon, sondern zu Vašek ins Zimmer.
„Schau mal, Vašek“, sagte sie, als sie das Bügeleisen anstellte, „wenn die Kinder alles verstehen würden, dann wären es keine Kinder. Denn der Unterschied zwischen Erwachse-

nen und Kindern besteht nicht nur darin, daß die einen groß und die anderen klein sind."
Vašek saß im Schlafanzug auf der Couch, schlenkerte mit den Beinen und betrachtete seine durchgewetzten Hausschuhe.
„Es war auch meine Schuld", fuhr Anna fort und legte ein großes Stück Watte auf das warme Bügeleisen.
„Nein!"
„Wolltest du einen Vater?"
Vašek antwortete nicht.
Gestern abend noch hatte Anna befürchtet, Vašek würde ihr

diese Lüge nie verzeihen. Statt dessen war er mit unerwarteter Heftigkeit böse auf Luboš. Vor drei Monaten hatte sie Vašek überzeugen wollen, daß sie zu zweit leben konnten. Jetzt hatte er ihr das im Bad selbst vorgeschlagen! Vor Jahren hatte sie Luboš gegenüber Rachegelüste verspürt. Jetzt konnte sie sie befriedigen. Nun vermochte sie es nicht.
„Luboš hat dir gefallen. Er ist wie ein Freund für dich", sagte sie und legte das angewärmte Stück Watte auf Vašeks Wange. Sie schlang ein Tuch um das Kinn und band es oben mit einem Knoten zusammen.
„Nein", widersprach Vašek finster, „seinetwegen hab ich oft geheult, und er war quietschvergnügt im Gebirge!"
„Luboš wußte nichts von dir. Das mußt du mir glauben!"
„Er hat mich betrogen!" schrie Vašek. Mit dem gepunkteten

Tuch um den Kopf sah er aus wie der als Großmutter verkleidete Wolf. „Schon im Gebirge hat er mich belogen! Er hat so getan, als würde er mit dir anbändeln, dabei wart ihr zwei schon längst verheiratet!“ Er warf die Hausschuhe auf den Teppich und kroch unter das Federbett.
Anna setzte sich auf den Bettrand und seufzte tief. „Aber nein. Du mußt mir glauben!“
Vašek lugte unter dem Federbett hervor. „Als ich noch klein war“, sagte er mit Nachdruck, „da hab ich dir geglaubt, daß du mich im Spielzeugladen gekauft hast. Jetzt bin ich schon groß und weiß, woher die Kinder kommen.“
„Wirklich?“ fragte Anna und sah Vašek beklommen an.
„Nach der Hochzeit!“ erklärte er kurz und bündig.
Vašek legte sich auf den Rücken, verschränkte die Hände hinter dem Kopf und starrte an die Decke.
„Na also ..., weißt du ...“ Anna suchte nach Worten. „Also die Hochzeit ist dabei nicht das wichtigste.“ Sie holte tief Luft.
Noch vor kurzem hätte sie nicht im Traum daran gedacht, daß sie ausgerechnet das erklären mußte. Verdammter Idiot! dachte sie wütend. Was muß ich seinetwegen noch alles durchmachen!
„Es genügt, wenn sich zwei Menschen gern haben. Und wir hatten uns sehr gern, weißt du?“ Sie spürte, wie sie bei dem Gedanken rot wurde, daß Vašek weiterfragen würde.
„Wenn er dich gern gehabt hätte“, sagte Vašek und sah seine Mutter nicht an dabei, „dann wäre er zu uns gekommen. Wenigstens sonntags. Oder zu meinem Geburtstag.“ Er starrte immer noch reglos auf einen Punkt an der Decke.
„Du bist genauso stur wie dein Zahn. Zwei Stunden geben wir uns schon mit ihm ab, und er läßt auch nicht mit sich reden. Wenn er draußen ist, verschwindet der Schmerz“, sagte Anna und löschte das Licht über dem Bett.
Im Dunkeln streichelte sie Vašeks schmerzenden Kopf und ging wortlos hinaus. Nach einer Weile kam sie auf die Zimmerschwelle zurück.
„Luboš ist deinetwegen gekommen. Morgen wartet er vor der Schule auf dich.“
„Mich kriegt er sowieso nicht zu sehen!“ kam die Antwort aus der Dunkelheit.

Anna ging in die Küche, stellte die restliche Milch in den Kühlschrank, und als sie die Apfelschalen in den Abfallkorb werfen wollte, blieb sie wie angewurzelt stehen.
Der Korb war voller Papierfetzen. Anna zog zwei Schnipsel heraus. Auf einem war ein rotes Zelt und auf dem anderen ein brennendes Feuer, von zorniger Hand mitten durchgerissen. Die anderen Blätter waren mit der Schere zerschnitten. Der Annapurna hatte eine abgeschnittene Fahne, und die vier roten Flecke, in denen man nur mit blühender Phantasie Bergsteiger erkennen konnte, waren in acht kleine Stücke zerschnitten. Ganz unten auf dem Boden des Korbs fand Anna Teile von dem zerrissenen schwarzen Papier. Sie waren zerknüllt und mit Filzstift beschmiert. Anna setzte die Fetzen langsam zusammen. Es war der Weihnachtsbaum und darunter die Geschenke.
Seit gestern abend war alles auf den Kopf gestellt. Das merkwürdige daran ist, dachte Anna, daß ich immerzu nachgeben muß.
Diese Bilder hatte sie nie gemocht, und nun setzte sie sie zusammen. Sie wollte Luboš nicht mehr sehen, und eben hatte sie Vašek gebeten, sich morgen mit ihm zu treffen. Wann würde auch einmal ihre Zeit kommen? Und plötzlich, in dieser Sekunde fiel ihr ein, daß in der Schlacht, die Vašek gegen Luboš führte, bestimmt jemand draufzahlen mußte. Und sie wußte felsenfest, daß sie das sein würde.
Als das Telefon klingelte, hielt Anna die Bilderfragmente noch in der Hand.
„Ja, Ich hab ihm gesagt, wo du auf ihn wartest!“ Sie verstummte und lauschte der Stimme am anderen Ende. „Ich hab getan, was ich konnte.“
Hinter dem geriffelten Glas der Verbindungstür tauchte Vašeks Silhouette auf. Er preßte das Ohr an die Tür und drückte dann leise die Klinke herunter. Jetzt konnte er Annas gedämpfte Stimme gut hören.
„Das hängt von dir ab. Ich bin sicher, dir fällt etwas ein.“ Sie legte den Hörer auf und entdeckte erst jetzt Vašek hinter der Tür.
„Ich geh gurgeln“, stieß der ertappte Detektiv hervor und hopste barfuß in die Küche. Er goß sich Kamillentee aus der Kanne in eine Tasse.

„Weißt du, daß du ein Esel bist, Vašek? So schöne Bilder. Warum hast du sie zerrissen?"
„Ich will nie wieder Bergsteiger werden."

22

Was kann ein Mann von dreiunddreißig Jahren mit Sicherheit von sich behaupten? Wenn er aufrichtig zu sich selbst zu sein vermag, gesteht er sich allmählich ein, daß die Vorstellungen, mit denen er ins Leben getreten ist, sich nicht so ganz mit der Realität decken. Manche Männer haben den Eindruck, sie hätten zuviel erlebt, andere leiden unter dem Gefühl, sie hätten etwas versäumt. Luboš gehörte weder zu den einen noch zu den anderen. Er lebte in den Tag hinein, und es war nicht seine Gewohnheit, Dialoge mit sich selbst über das Leben zu führen. Er wollte nie mehr haben, als er hatte. Er hielt nicht viel von Zufällen, unterschätzte sie jedoch auch nicht. Aber bisher hatten sie immer die anderen betroffen. Eine Lawine. Schneesturm. Nebel und Eis. Wie oft war er bei Rettungsaktionen selbst in Gefahr geraten? Er hatte nie darüber nachgedacht. Er wußte, wenn ein Bergsteiger nach einem Sturz nicht sofort den Aufstieg fortsetzt, kehrt er nie wieder zum Felsen zurück.
Aber dies hier war ein Zufall, mit dem er keine Erfahrung hatte.
Er kam vorsichtshalber schon vor drei. Erleichtert stellte er fest, daß im Park wenig Betrieb war. Die Schüler hatten nicht viel Lust, in der Nähe der Schule zu spielen, wo sie jeden Augenblick bei irgendwelchen Dummheiten erwischt werden konnten. Zwei zusammengewachsene Ahornbäume warfen ihre Schatten auf die Bank, auf der sich Luboš niedergelassen hatte. Seine Sporttasche hatte er neben sich gestellt, er zog die Zeitung heraus und beschloß, nicht ungeduldig zu sein. Im Ausschuß der ČVUT* hatte er fast den ganzen Vormittag verbracht. Schließlich wurde die Abreise zum Matter-

* Tschechische Technische Hochschule

horn auf Freitagmorgen festgelegt. Da er keine Telefonverbindung mit dem Dienstzimmer bekam, schickte er ein Telegramm, daß Donnerstagabend alle in Prag sein sollten. Er hatte alle Pässe, und als er die Visa besorgte, kam ihm eine Idee. Seine Laune besserte sich zusehends, und jetzt schaute er alle Augenblicke in die Tasche, ob mit seiner „Überraschung" alles in Ordnung war. Er war sicher, daß er Erfolg haben würde.
Er hatte schon die ganze letzte Seite über den Verlauf des vierten Tages bei der Eishockeyweltmeisterschaft in Stockholm durchgelesen und lächelte bei dem Gedanken, daß er das Spiel Schweden–Tschechoslowakei abends ab acht Uhr zusammen mit Vašek angucken würde. Anna würde bestimmt nichts dagegen haben, und wenn sie doch darauf bestehen sollte, daß Vašek schlafen gehen müsse, so würde er bestimmt einen triftigen Grund finden, es ihr auszureden.
Um viertel vier schaute Luboš das erstemal zur Uhr. Er hatte sich unterdessen mit den Einzelheiten der Kämpfe in El Salvador vertraut gemacht, ebenso mit dem Fortgang der Frühjahrsarbeiten in Südmähren und mit dem Stand der Planerfüllung beim Bau der Metrotrasse C. Fünf vor halb vier kontrollierte er erneut die Zeit. Acht Minuten nach halb stand er auf und ging den Weg hinauf zur Straße, in der Anna mit Vašek wohnte. Am Ende des Parks fiel ihm ein, daß er nicht wußte, von welcher Seite Vašek kommen würde, und weil er nicht riskieren wollte, daß sie einander verfehlten, kehrte er lieber um.
Wenn er sich nun irgendwo versteckt hat? überlegte er. Er streifte kreuz und quer durch den Park, und um dreiviertel vier war er sich sicher, daß Vašek nicht mehr auftauchen würde. Aber er konnte sich nicht entschließen aufzugeben. Er ging nervös hin und her und beobachtete den Betrieb an der Tankstelle, und dann nahm er sich vor, noch zehn Minuten zu warten.
Es war viertel fünf, und er stand noch immer hier. In einer plötzlichen Hoffnung klopfte sein Herz. Er hatte sich nicht geirrt! Hinter einem Strauch war die rotblaue Bommel aufgetaucht!
Vašek fuhr mit dem Rad auf den Asphaltweg und radelte schwungvoll abwärts wie ein Kunstradfahrer. Luboš überflu-

tete es heiß. Heute war der erste Frühlingstag, ihm hätte auch gleich einfallen können, daß Vašek nach dem langen Winter das Rad aus dem Keller geholt hatte und vielleicht einen Schlauch flicken oder die Kette spannen mußte.
Er ging ihm entgegen. „Hast ein Klasserad!" rief er ihm frohgelaunt zu und winkte.
Vašek pfiff vergnügt vor sich hin, drehte einen Bogen und noch einen, wich Luboš aus und fuhr an ihm vorüber, ohne ihn eines Blickes zu würdigen.
„Zum Kuckuck, dieser verflixte Bengel!" fluchte Luboš vor sich hin und jagte mit der Tasche in der Hand hinter dem Rad her. „Ich hab die Ausrüstung komplettiert! Seile! Steigeisen! Haken! Willst du nicht mal gucken?" japste er außer Atem. „Ich hab dir was mitgebracht!" schrie er verzweifelt, doch dann war er stehengeblieben, entschlossen, keinen Schritt mehr zu laufen.
Die Bremsen quietschten. Vašek stieg vom Rad und guckte mißtrauisch unter der tief in die Stirn gezogenen Mütze hervor. Luboš stellte die Tasche auf die Erde und hockte sich daneben.
„Gefällt er dir?" fragte er, als er den Reißverschluß der Sporttasche geöffnet hatte. Ein kleiner grauer Schnauzer steckte den Kopf heraus.
Vašek war sprachlos. Der Hund zog ihn an wie Honig die Biene.
„Na? Was sagst du dazu?" Über Luboš Gesicht huschte ein Lächeln.
Vašek kniete sich hin und kraulte das junge Tier hinter den Ohren. „Ich darf keine fremden Hunde mit nach Hause bringen."
„Das ist kein fremder Hund. Das ist Ben." Luboš zog den Welpen aus der Tasche. „Nimm ihn doch. Er gehört dir."
Vašek streckte schon die Hände aus, doch plötzlich besann er sich. „Und Mama?"
Luboš sah, wie gern Vašek den Hund auf den Arm genommen hätte. Er wußte, er hatte gewonnen.
„Keine Sorge. Mama wird sich freuen", versicherte er munter. „Dieser Hund bewirkt Wunder bei ihr."
Vašek verfinsterte sich und stand auf. „Du lügst! Und deinetwegen lügt Mama auch! Bei ihr bewirkt kein Hund Wunder!"

Er drehte sich auf dem Absatz um und trottete langsam, mit in die Taschen versenkten Händen zu seinem Rad zurück.
Als er den Lenker ergriff, spürte er, daß in ihm etwas Starkes und Großes war, das von keinem Verbot verdrängt werden konnte. Er ließ das Rad zu Boden gleiten, rannte zurück, schnappte sich den Hund und ließ Luboš mit leeren Händen im Park stehen.

„Steig ein“, sagte Jindřich zu Anna und öffnete die Wagentür. Anna wartete schon seit fünfzehn Minuten auf die Straßenbahn, ihr Kreuz tat ihr weh, in einer Hand hatte sie eine Einkaufstasche voller Gemüse, in der anderen trug sie ein Netz mit Milch und Vašeks geliebtem Aprikosenkompott. Diese Entführung kam ihr deshalb höchst gelegen.
Jindřich steuerte den Wagen sicher und schnell, beim Überholen fuhr er auf den Gleisen entlang, und Anna wurde angst und bange. Zehn Minuten lang gab Jindřich keinen Ton von sich, obwohl sie ihm ihre Meinung über den Verlauf der Probe mitgeteilt, auch ihre Zweifel nicht verschwiegen hatte, was Crassus betraf, der Jindřich in der Szene des Gladiatorenkampfes nicht gewachsen war, und sie lobte den ausgezeichneten letzten Auftritt Helenas.
„Vielleicht ist sie sogar besser als ich“, sagte sie seufzend und hoffte, Jindřich damit zu provozieren.
„Ich hab dich ins Gebirge fahren lassen“, sagte er schließlich, als sie an einer Kreuzung angelangt waren, „damit ich dich nicht verliere. Und du bringst es fertig, mich innerhalb einer Woche zu vergessen.“
Anna schrie leise auf, weil Jindřich das Lenkrad unverhofft scharf nach rechts gerissen, in voller Geschwindigkeit auf eine Nebenstraße gefahren war und so abrupt angehalten hatte, daß die Reifen quietschten. Er stieg wortlos aus.
Anna beugte sich leicht nach vorn. Die Sonne schien ihr in die Augen. Sie schloß die Lider, lehnte sich langsam wieder zurück auf den Sitz und atmete tief aus.
Herrgott, das hat mir noch gefehlt! Jindřich war in einem Blumenladen verschwunden. Er hatte ihr nie Blumen gekauft. Sie bekam von ihm Orchideen und Wucherblumen, Flieder und Nelken, einfach alle Blumen, die er je von seinen Verehrerinnen erhielt, oft mitsamt Visitenkarte und

Brief. Nein, einen besseren Zeitpunkt hätte er wirklich nicht finden können! Sie stellte sich vor, daß er zu ihnen nach Hause kam und zu Vašek sagte: „Ich weiß nicht, wie wir miteinander auskommen werden, aber zunächst müssen wir uns mal kennenlernen!“
Warum fallen mir bloß so scheußliche Sachen ein! Aber im Unterbewußsein machte sich ein Warnsignal bemerkbar. Sie hatte keine Zeit, ihr Gewissen zu prüfen, doch sie fühlte sich ungerecht behandelt. Niemand gab ihr Zeit zum Überlegen! Weder Luboš noch Vašek. Und nun auch noch Jindřich! Wozu hatte er sich entschlossen? Nicht weiter hinauszuschieben, wozu er sich vier Jahre lang nicht hatte durchringen können?
Er kam mit einem Rosenstrauß zurück, öffnete die Tür und warf ihn auf den Rücksitz. Anna atmete erleichtert auf.
„Ich wollte deine Mutter aus dem Krankenhaus abholen. Sie sagte aber, sie komme allein.“
Anna blieb die Luft weg. Das war ja noch schöner. Sie sprach auf der ganzen Fahrt kein Wort mehr. Jindřich bremste am Fußweg vor dem Haus und griff nach den Rosen in Zellophanpapier. „Bittest du mich nicht hinauf?“
Das war keine höfliche Frage, es war eine mit leiser, unsicherer Stimme ausgesprochene Bitte. Anna dachte daran, wie oft sie selbst einen ähnlichen, ganz gewöhnlichen Satz ausgesprochen hatte, doch sie verspürte jetzt keine Genugtuung.
„Ich hätte gar nicht mit dir fahren sollen.“ Sie stieg aus und hörte hinter sich den Motor leise laufen. Jindřich fuhr nicht weg.
„Anna!“
Anna blickte auf. Vor der Haustür stand Luboš. Er mußte schon eine geraume Weile hier gewartet haben, seine Erregung verbarg er hinter jungenhafter Unbekümmertheit.
„Anna, du hättest doch nichts dagegen, wenn ich Vašek einen Hund schenken würde?“
„Laß dir bloß nicht so was einfallen!“ antwortete sie schroff und blieb nicht einmal stehen.
Luboš betrachtete prüfend das Auto, das noch immer am Fußweg stand.
„Also das ist ein Reinfall“, gestand er selbstkritisch, lief

Anna nach und ergriff ihren Ellbogen. „Mach dir keine Sorgen. Ich bring das in Ordnung“, sagte er reuevoll und hoffte, sie würde ihn hineinbitten.
Anna riß sich los und wandte sich um: Jindřich war noch immer nicht weggefahren, sah ihr aber nicht mehr nach. In Anna stieg eine Welle des Trotzes auf, eine Welle der Traurigkeit und plötzlicher Feindschaft beiden gegenüber, für all die unglücklichen Sonntage, für die einsamen Abende und Nächte, für all die verlorenen Jahre. Aber was hätte es genützt, jetzt darüber zu sprechen? „Wißt ihr was?“ sagte sie und hob die Stimme. „Laßt mich in Ruhe! Alle beide!“

Anna öffnete die Wohnung und ging noch im Mantel ins Zimmer. Also das – das war wohl wirklich nur ein böser Traum! Dieser feierlich gedeckte Tisch mit der gestickten Decke und dem Goldrandgeschirr, die Kristallgläser und die Vase mit Flieder. Eva in ihrer besten Bluse mit einer Schleife am Hals stand an der Tür. „Wo ist er?“
„Wer?“ fragte Anna sarkastisch. „Vašek oder der Hund?“
„Ich meine Jindřich!“ erwiderte Eva, und als sie näher trat, spürte Anna, daß sie stark nach parfümierter Seife und billigem französischem Eau de Cologne der Marke „Moulineaux“ roch. Anna stellte die Tasche und das Netz auf den Tisch, dann ließ sie sich auf einen Stuhl fallen und seufzte. „Ihr seid verrückt geworden! Alle miteinander!“

23

Das Zeitzeichen meldete dreiviertel sieben, und der Drahtfunk spielte fröhlich in den neuen Tag.
„Mama, freust du dich, daß wir Benik haben?“ rief Vašek? als Anna im Badezimmer hastig den Morgenmantel über das Nachthemd streifte.
„Natürlich, und wie“, antwortete sie und zog vorsichtig den Becher mit der Zahnbürste aus dem Schränkchen über der Wanne. Wie lange war das her, daß sie Vašek verboten hatte, ihn herauszustellen? Sie vergewisserte sich, ob Vašek sie

nicht beobachtete, und stellte den Becher auf die Konsole unterm Spiegel.
„Spiel nicht und geh dich waschen!“ mahnte sie, als sie in die Küche zurückkam.
Vašek hockte im Schlafanzug unterm Tisch. Er nahm den Hund aus dem Korb und schleppte ihn auf dem Arm zum Waschbecken.
Anna mischte Kakao mit Zucker, goß Milch in die Tasse und den Rest in die Schale für den Hund.
„Luboš' Vater wohnt in Kamenice“, rief sie und gab sich große Mühe, daß ihre Stimme nicht zitterte. „Er hat Kaninchen. Und nicht bloß das! Auch ein Schwein. Was sagst du dazu?“
Vašek sagte nichts, anstelle seines Gesichts wusch er die Schnauze des Hundes mit lauwarmem Wasser und betrachtete mißmutig die Konsole vor seiner Nase.
„Du hättest einen Opa! Einen Opa hast du dir doch immer gewünscht!“ rief Anna aus der Küche. Die Falte auf Vašeks Stirn vertiefte sich noch mehr. Nein, also das war zuviel: Drei Zahnbürsten! Drei Zahnputzbecher! Er setzte den Hund auf den Fußboden, schnappte sich den überzähligen Becher, und als er auf die Wanne klettern wollte, um ihn dahin zu stecken, wohin er gehörte, ergriff Anna seine Hand.
„So, jetzt reicht's mir aber!“ rief sie und nahm ihm die Zahnbürste aus der Hand. „Etwas Schönes kaputtmachen, das kann jeder! Ich auch! Oder auch Luboš! Aber du bist doch ein pfiffiger Junge ...“ Sie wünschte sich sehr, Vašek möge ihr in die Augen sehen, aber er stand mit gesenktem Kopf, starrte seine Hausschuhe an und schwieg verstockt.
„Das mit der Zahnbürste“, fuhr Anna fort und bedachte ihn mit einem strahlenden Lächeln, „war gar kein schlechter Einfall. In jeder Familie sollten es drei sein!“ erklärte sie und stellte den Becher mit der Zahnbürste resolut auf die Konsole zurück.
„Sind wir doch auch. Ich, du und der Hund.“

Mein Vater

schrieb die Jedličková mit großer Schönschrift an die grüne Tafel, und als sie die Kreide weggelegt hatte, sagte sie: „So

Kinder, bevor wir anfangen zu schreiben, erinnern wir uns zuerst an Vater. Wie sieht er aus, was macht er." Sie ging zwischen den Bänken entlang. „Wie ist Vater?"
In der Klasse erhob sich ein Wald von Händen.
„Stark." – „Furchtlos." – „Klug." – „Dick."
Auch Standa meldete sich eifrig, denn er wollte beisteuern, daß er einen Ersatzvater habe, nur Vašek meldete sich nicht und schwieg verbissen. Plötzlich spürte er, daß ihm die Tränen kamen, und deshalb holte er ein Hörnchen mit Wurst aus der Tasche, um den brennenden Geschmack im Mund zu vertreiben.
„Benda!" rief die Jedličková.
Vašek stand auf und versteckte sein Frühstück hinter dem Rücken.
„Wieso hast du kein Schreibzeug auf der Bank?"
Vašek sah der Jedličková in die Augen. Sie waren grün wie zwei kalte Steinchen.
„Ich hab meine Federtasche vergessen", stieß er hervor, und die Krümel stoben nach allen Seiten. Angefeuert vom Gelächter der Mitschüler fügte er hinzu: „Bestimmt hat unser Hund sie verschleppt."
Die Klasse bog sich vor Lachen, nur die Jedličková lachte nicht, im Gegenteil, sie verlangte Vašeks Schülertagebuch, denn wer im Tschechischunterricht sein Frühstück kaut, verdient einen Eintrag. Unglücklicherweise stand sie direkt neben seinem Platz, und als Vašek die Tasche öffnete, geriet sie noch mehr in Rage.
„So, jetzt ist das Maß voll!" rief sie erzürnt, zog die rote Federtasche aus Vašeks Ranzen und zeigte sie der ganzen Klasse.
Vašek bekümmerte es nicht sehr, daß die Jedličková schimpfte, denn durch den Zwischenfall war ihm das Weinen vergangen, aber er hatte mit seiner kindlichen Intuition erfaßt, daß er diesmal nicht so glimpflich davonkommen würde.
Die Jedličková beugte sich über den Tisch, schrieb mit energischen Bewegungen den ersten Satz ins Schülertagebuch, und eine rote Haarsträhne fiel ihr in die Stirn. Sie hob nicht einmal den Kopf, als der Hausmeister die Klasse betrat, und sie strich sich auch nicht die Strähne aus der Stirn. So wü-

tend war sie. Auch Vašek bemerkte weder den Hausmeister, noch hörte er Standa, der tröstende Worte für seinen Freund suchte, dem solches Mißgeschick widerfahren war.
Vašek dachte an seine Mutter, und er wußte, daß so eine liebe Mama nicht so viele Eintragungen verdient hatte. Was sollte er jedoch mit dem Schülertagebuch machen, damit Mama nicht noch trauriger würde?
Daß wußte er nicht.

Am Tag der Generalprobe war Anna stets von morgens an nervös. Das Lampenfieber steigerte sich im Laufe des Tages, und diese Spannung wich bis zur Premiere nicht von ihr. Morgens zwang sie sich gewöhnlich, ein kleines Stück hartes Brot mit Butter und eine Tasse Kaffee zu sich zu nehmen, dennoch war ihr schon in der Garderobe schlecht.
Heute war alles anders. Zu Hause trank sie einen Schluck Milch, und vor Beginn aß sie in der Theaterkantine ein Würstchen mit Senf. Sie dachte so viel an Vašek und seinen Kummer, daß ihr keine Zeit blieb, an die eigene Angst zu denken. Erst als sie ihr Kostüm aus Musselin anzog, kamen ihr Bedenken, an welcher Stelle es wohl zuerst platzen würde. Sie stieg über die schmale eiserne Wendeltreppe hinunter zum Portal und lauschte hinter den Kulissen dem gesamten Vorspiel.
Die Welt, in der sie lebte, verblich, die Sorgen, der Kummer und die Hilflosigkeit lösten sich in dem plötzlichen Gefühlsandrang, in der süßen Bangigkeit auf, die die Musik hervorzurufen vermag. Anna hörte Farben, sah Töne, plötzlich änderte sich der Rhythmus, und auch die Musik dröhnte, wälzte sich wie eine Flut, mitreißend und leidenschaftlich und dann wieder wild, süß und bitter wie Liebe und Tod.
Im Halbdunkel des Zuschauerraums verfolgten auf weiß bezogenen Stühlen all jene die Generalprobe, die zu diesem Zeitpunkt im Theater waren. Sie sahen Anna, wie sie auf die Bühne lief, ihr kurzes rotes Kleid wehte um ihre schlanken Beine, sie war wie verwandelt, schöner, ihr Körper spannte sich im Flug wie ein Bogen. Alles klappte gut. Auch die Sprünge, immer höher und leichter. Alles war gut, Musik und Bewegung, denn sie vermochten das, wozu nur die Kunst imstande war.

Als Spartakus seine Sklaven in die Schlacht gegen die römischen Legionen führte, schaute Anna vom Parkett aus zu. Sie verfolgte Jindřichs Auftritt und war froh, daß die Schinderei bei den Proben nicht umsonst gewesen war. Das Orchester donnerte, die wilden Töne füllten den Saal. Das Schlachtgetümmel verstärkte sich, überall wurde gekämpft, und über das Kriegsfeld wälzten sich Wind und Staub, und daraus erhob sich Spartakus erneut als Sieger und umklammerte mit seinen muskulösen Armen das Schwert. Anna bemerkte, daß der Garderobiere die Tränen in den Augen standen.

In der Pause zwischen dem ersten und dem dritten Akt zog sich Anna ein neues Paar Spitzenschuhe an. Als sie die Atlasbänder um den Spann schnürte, ertönte die Stimme des Inspizienten aus dem Lautsprecher, der die Tänzer aufrief, sich für den Auftritt vorzubereiten. Anna nahm die Klemmen aus den Haaren, trank einen Schluck Selters, warf noch einmal einen Blick in den Spiegel und trat in den Flur.

„Hereinmarschiert, unten gibt's was zu lachen", rief die Requisiteuse wie auf dem Jahrmarkt und teilte den Kriegern aus einem Korb Schwerter aus. „Spartakus erwartet der sichere Tod, und nicht einmal ein Kuß Phrygias erweckt ihn zum Leben."

Anna wurde blaß. Zwischen den Tänzern mit nacktem Oberkörper, die in die Schlacht zogen, hatte sie Luboš im Anorak entdeckt. Anna packte ihn am Ärmel.

„Was treibst du dich hier rum" stieß sie aufgebracht hervor, schob ihn in ihre Garderobe und schloß hinter ihm die Tür. Erst dann fiel ihr ein, daß er unnatürlich blaß gewesen war und ausgesehen hatte wie jemand, dem ein Unglück zugestoßen war. Sie rannte über den Flur zurück und stieß die Tür zur Garderobe auf.

„Was ist los? Ist Vašek was zugestoßen?" fragte sie beunruhigt.

„Heute hab ich zwei Stunden gewartet", berichtete Luboš mit leiser, belegter Simme.

„Ich kann ihn nicht mit Gewalt dazu zwingen, sich mit dir zu versöhnen!" rief Anna entnervt, während Luboš sich bedrückt auf den Hocker setzte, verletzt in seinem Stolz und in seiner Eitelkeit.

„Er ist nicht gekommen. Heute hat er sich nicht mal blicken lassen! Er ist widerspenstiger als ein Achttausender!“
Das Stimmen der Instrumente verstummte, und das Orchester setzte mit Fortissimo ein. Anna wich zurück und ergriff die Klinke.
„Anna, ich halt das nicht mehr aus!“ rief Luboš und sprang zur Tür. „Ich halt das einfach nicht mehr aus!“
„Vašek hat neun Jahre lang auf dich gewartet, und du hältst es nicht mal ein paar Tage aus?“
„Aber ich muß morgen früh wegfahren!“
Anna empfand Zorn und Traurigkeit zugleich. Die Stimme des Inspizienten drang nicht in ihr Bewußtsein, der leise und eindringlich ins Mikrofon rief: „Phrygia, Phrygia, auf die Bühne!“
„Vielleicht verzichtest du mal auf die Berge? Du darfst nicht wieder aus seinem Gesichtskreis verschwinden!“
„Ich kann nicht die ganze Expedition im Stich lassen!“
„Du tauchst immer auf wie eine Lawine!“
Mein Gott, dachte Anna, wie oft hab ich mir vorgestellt, daß ich ihm einmal alles sage. Aber nicht jetzt! Jetzt nicht, wo ich auf die Bühne muß!
„Du hast mich begraben, Anna. Das hätte ich nicht fertiggebracht! In der Zeitung zu lesen, daß jemand glücklich heimgekehrt ist, daß er lebt, und ihn einfach zu Grabe tragen!“
„Und was hätte ich Vašek sagen sollen, als er anfing, nach seinem Vater zu fragen?“
„Wieso?“ Luboš schnaufte verdutzt. „Du hast noch ein Jahr auf mich gewartet, bis er anfing zu sprechen?“
„Noch drei. Bis er anfing zu denken.“
Luboš umarmte sie plötzlich mit beiden Armen. „Wenn je auf dieser Welt ein Esel gewandelt ist, dann war ich das!“
„Du brauchst dich nicht zu entschuldigen. Inzwischen bist du mir völlig gleichgültig“, beteuerte Anna, aber sie sträubte sich nicht, als Luboš sie noch näher an sich heranzog.
„Sag das nicht!“ Seine Stimme klang krächzend.
„Sag das nicht“, wiederholte er leise und preßte Anna zärtlich in seinen Armen. „Zum Bockigsein haben wir einen achtjährigen Jungen!“
In dieser Sekunde spürten beide, was sie nach so vielen Jahren verband. Es war ein Gefühl von Hilflosigkeit und der

Verzweiflung. Es war die Angst um Vašek. Sie wußten, er war ein kleiner Mensch, dem sie beide unrecht getan hatten.
Der Inspizient stieß die Tür zur Garderobe auf und schrie

mit überschnappender Stimme: „An–na! Auf–tritt!"
Anna brachte vor Schreck keinen Ton heraus. Sie stürmte kopflos aus der Garderobe.

24

Was sich anschließend abspielte, konnte ein einziger Mensch beschreiben, Viktor, der schon seit zweiundzwanzig Jahren Inspizient des Theaters war. All die Jahre lang war er überzeugt gewesen, daß er größere Verantwortung als der Intendant trug. Noch nie war es vorgekommen, daß jemand nicht rechtzeitig zum Auftritt erschien, und wahrscheinlich wäre es auch an diesem schicksalhaften Donnerstag nicht passiert. Viktor wußte, auf wen er aufpassen mußte und wer selbst auf sich aufpaßte, Anna gehörte zu denen, die immer mindestens fünf Minuten vor dem Auftritt am Portal standen. Doch jetzt hatte Anna ihr Zeitgefühl völlig verloren, und von dem Gedanken entsetzt, daß sie schon auf der Bühne sein müßte, merkte sie nicht, daß sie erst die Wieder-

holung des musikalischen Motivs abwarten mußte, und warf sich die Treppe hinunter.
Immer wieder hörte Viktor dieses Geräusch und schreckte einige Nächte lang danach aus dem Schlaf auf: Er hörte den Hall von sich nähernden Schritten, der wuchs, sich verstärkte, schon hörte man das Orchester nicht mehr, und dann, nach dem Aufschlag, trat Grabesstille ein.
Viktor erwachte jedesmal schweißnaß am ganzen Körper und versuchte die schreckliche Vision zu verdrängen. In Wirklichkeit spielte das Orchester weiter, die Instrumente verstummten erst nach einigen Sekunden. Viktor wußte, daß er bis an sein Lebensende den Augenblick nicht vergessen würde, als er am Geländer ankam und Anna in der eisernen Treppenkonstruktion hängen sah. Sie sah aus wie tot.
Es war auch Viktor, der als erster zu ihr ging, und als er feststellte, daß sie atmete, schwor er erleichtert, alle Schuld auf sich zu nehmen. Er rief das Krankenhaus an, sagte Helena, sie solle sich sofort das Kostüm anziehen, und noch ehe die Sirene des Krankenwagens ertönte, ließ Viktor die unterbrochene Generalprobe weitergehen.

Luboš fiel ein Stein vom Herzen, als er merkte, daß Vašek zu Hause war. Wie groß war seine Verblüffung, als der Junge, kaum daß er hörte, was geschehen war, ihm den Rücken zuwandte und weglief.
„Warte!“ rief ihm Luboš aus dem geöffneten Fenster nach, aber Vašek rannte mit langen sicheren Schritten, seine Mütze hüpfte hinter der Hecke und verschwand hinter dem Haus.
Verdammter Bengel, dachte Luboš und ärgerte sich, daß er gleich mit der ganzen Wahrheit herausgeplatzt war.
Er suchte in der Wohnung nach einem Nachthemd, packte eine Zahnbürste ein, wußte nicht, welchen Morgenmantel er nehmen sollte, und die Handtücher wiederum konnte er überhaupt nicht finden. Er schaute die Liste durch, die ihm Anna auf einen abgerissenen Programmzettel geschrieben hatte, und versank in Grübeln, was wohl die Rubrik Wäsche bedeuten mochte.
Eine Stunde später war er im Krankenhaus, lief am Pförtner vorbei in den zweiten Stock und gelangte über den Verbin-

dungsgang zwischen den Pendeltüren bis zur Station.
„Hallo, junger Mann!“ rief ihm die Oberschwester streng zu, „Besuchszeit ist am Sonnabend!“
„Meine Frau ist hier“, antwortete Luboš, ohne stehenzubleiben.
Anna lag in einem Bett am Fenster, trug ein weißes Krankenhausnachthemd, ihre Haare waren mit einem Gummi zusammengebunden, ein Bein steckte in Gips und guckte unter dem Deckbett hervor. Ihr Gesicht war kreidebleich.
„Vašek ist verschwunden!“
„Was redest du für Blödsinn!“ stieß Anna hervor und schob sich mit dem Ellbogen hoch.
„Ich hab ihm gesagt, was passiert ist, da ist er ohne ein Wort davongerannt.“ Luboš nahm den Morgenmantel, das Hemd und die anderen Sachen heraus. „Ich hab ihn eine halbe Stunde in der Siedlung gesucht, in der Schule war ich auch. Ich muß zur Polizei. Das Taxi wartet unten.“
Anna legte sich aufatmend zurück. „Dreh nicht durch. Jetzt ist er bestimmt schon zu Hause“, sagte sie mit verblüffender Gelassenheit und lächelte Luboš sogar zu.
„Er war hier?“ fragte Luboš ungläubig.
Anna nickte, und Luboš setzte sich erleichtert auf die Bettkante. Er bemerkte nicht, daß die Oberschwester hereingekommen war und sich dem Bett näherte.
„In Prag gibt es fünfzehn Krankenhäuser“, meinte Luboš stolz, „und er findet genau das einzig richtige. Haben wir aber ein kluges Kind, nicht wahr?“ Er beugte sich zu Anna halblaut und wies auf die aufgebrachte Schwester am Fußende des Bettes.
„Das ist meine Mutter.“
Luboš verschlug es die Sprache. Anna nahm die Schlüssel aus der Handtasche und drückte sie ihm in die Hand.
„Geh schon.“ Und dann fügte sie noch vertraulich hinzu: „Sie hat immer geschworen, wenn sie dich mal trifft, dann wird das der letzte Tag in deinem Leben.“
Luboš stand auf, und es sah so aus, als wollte er etwas sagen, doch statt dessen bückte er sich, küßte Anna flüchtig auf die Wange, machte einen großen Bogen um Eva und ging wortlos hinaus.
Eva stand wie angewurzelt da, sie fand erst die Sprache wie-

der, als die Tür zugeklappt war.
„War das der Lump?“
Anna hörte gar nicht zu, sie starrte an die Decke.
„Anna! Was soll das bedeuten?“
Erst jetzt sah Anna ihrer Mutter in die Augen.
„Wenn sich die beiden nicht versöhnen, dann überleb ich das nicht.“

Die ganze Wohnung war in Dunkel getaucht, nur in der Küche beleuchtete eine Lampe über dem Tisch ein heilloses Durcheinander. Am Tisch saß der Hund auf einem Stuhl und schaute in die geöffneten Schulhefte. Ringsum lagen verstreut Bücher, Lineale und die rote Federtasche mit einem chinesischen Füller.
Vaček lag zusammengerollt in der Sofaecke, die Kniestrümpfe hatte er heruntergestreift, und das karierte Hemd hing aus der Hose. Er starrte an die beleuchtete Skala auf dem Radio und lauschte der tiefen, ruhigen Stimme:
Im milden, warmen Abendlicht reihen sich unübersehbare Gipfelketten aneinander, die letzten Wolken kugeln über ferne Eisriesen. Nur zehn Minuten gönnt sich Hermann Buhl auf dem Gipfel, um den fünfzig Jahre lang verbissen gekämpft wurde.

Vašek war so vertieft in die Fortsetzungsserie, daß er nicht hörte, wie leise die Wohnungstür aufging.
Luboš kam im Mantel bis auf die Schwelle zur Küche, schaute auf den Berg ungewaschenen Geschirrs, und als der Erzähler verstummte und die wunderschöne Stimme einer Flöte durch die Küche klang, fragte er Vašek streng: „Warum hast du mir nicht gesagt, daß deine Oma im Krankenhaus arbeitet?“
Vašek erschrak, drehte sich hastig um und wartete mit halboffenem Mund, was weiter geschehen würde.
„Weißt du, was ich für eine Angst um dich hatte?“ sagte Luboš, wartete nicht auf Antwort und ging zurück in den Korridor, um den Mantel, den Pullover und die Bergschuhe auszuziehen.
Diese Mitteilung wirkte auf Vašek ungemein! Er sprang vom Sofa auf, nahm Benik vom Stuhl und setzte sich an den Tisch, wo die Hefte ausgebreitet waren. Er schraubte den Füller auf, aber er schrieb keine Zeile, sondern knabberte am Ende des Füllers herum und hörte zu. –

Über dem Achttausender liegt tiefschwarze Nacht, einmalig im Kampf um die Himalaja-Riesen. Der Hang hat fast die Neigung eines Kirchturmdachs. An einem Felsblock findet sich ein winziges Plätzchen. Hier, ohne Zelt, ohne Essen und Trinken muß der Gipfelbezwinger die Morgendämmerung abwarten.

Luboš ließ warmes Wasser ins Abwaschbecken, streifte sich die Ärmel hoch und versenkte seine Hände geräuschlos in den Schaum, um den Zauber der Erzählung nicht zu stören.

Kein Lufthauch berührt den Bergsteiger, keine Schneeflocke legt sich auf seine Schultern, die Kälte sinkt nicht tiefer als auf zwanzig Grad unter Null – so ganz und gar ungewöhnlich benimmt sich ein Achttausender, der sich eben dem Fuß der Menschen beugen mußte ... Die wilden Götter des Nanga Parbat schlafen ...

„Ich bleib hier über Nacht, damit du nicht zu Frau Valentová mußt."
Das war eine weitere gute Nachricht! Vašek beugte sich über sein Heft und schrieb:

Auch Luboš war nicht müßig, obwohl er ununterbrochen ein- und denselben Teller abwusch, versunken in den zarten, klaren Klang der Flöte, der sich die Samtstimme einer Oboe anschloß.

Die Morgensonne überstrahlt das Schneefeld. Behutsam leiten die Strahlen den Absteigenden hinunter. Feuer brennt in der Kehle – ach, nur einen einzigen Schluck Tee! Wenigstens einen Tropfen! Hermann kann nicht mehr schlucken! Für jeden Schritt muß er zehnmal Luft holen! Nimmt denn dieser Rückweg nie ein Ende?

Luboš sah sich um, doch er sah nur Vašeks über das Heft gebeugten Rücken und unter dem Tisch die weggeschobenen karierten Hausschuhe. Er hatte keine Ahnung, daß Vašek schon die letzte Zeile der Aufgabe schrieb und in seinen Au-

gen Lichter tanzten, denn seine aus den Fugen geratene Welt war wieder ins Gleichgewicht gekommen.
Luboš ahnte das nicht und griff bedrückt nach dem nächsten Teller, warf einen liegengebliebenen Knödel in den Abfallkorb und tauchte die Hände ins Wasser. Er merkte nicht, daß Vašek leise aufstand und das Geschirrtuch holte.

Plötzlich hört er Stimmen, erkennt irgendwelche Punkte! Nein, diesmal ist es kein Trugbild! Die Freunde! Sie kommen ihm entgegen! Sie fallen einander in die Arme, und über ihre Gesichter rinnen Freudentränen! Ich war oben, Freunde! Es war der schönste Tag in meinem Leben!

Vašek zog Luboš am Ärmel. „Ich konnte heute nicht kommen", berichtete er zerknirscht, „Weil ich nachsitzen mußte." Er trocknete den Teller ab und stellte ihn in den Schrank.
„Hast Ärger gehabt, was?" fragte Luboš wie nebenbei und schrubbte einen Topf.
„Hm." Vašek nickte kleinlaut. Er beschloß, die Eintragung im Schülertagebuch zu zeigen, die von allen Eintragungen die er je bekommen hatte, die längste war. Aber als er sich umdrehte, schrie er entsetzt: „Ben! Benīk!"
Der Hund spielte mit dem Schülertagebuch und hielt den lauten Ruf für ein Signal zum Toben, schnappte sich das Heft und raste los.
„Hilfe! Er frißt mein Schülertagebuch auf!" Vašek war ehrlich verzweifelt. Er stellte sich vor, wie die Jedličková schimpfen würde, und als verantwortungsbewußter Schüler der 3b rannte er dem Hund Hals über Kopf nach, machte einen waghalsigen Hechtsprung und hatte den Übeltäter gefangen.
Luboš beobachtete, wie Vašek auf dem Fußboden landete, wie sich ein Klips seines Hosenträgers löste, durch die Luft schoß und den Hund erschreckte, der in wildes Gebell ausbrach. Diesen Augenblick, dachte Luboš, hab ich schon ein paarmal in meinen Träumen gesehen. War das einmal vor langer Zeit in einem kleinen einsamen Gehöft, als er selbst noch ein kleiner Junge war? Oder war das gestern im Hotelzimmer, als er die ganze Nacht vergeblich einzuschlafen ver-

suchte? Für die Antwort blieb keine Zeit.
Vašek brachte das Buch (nur die untere Ecke war ein wenig angeknabbert), schlug wortlos die mit roter Tinte beschriebene Seite auf und reichte es Luboš.
„Mama soll also in die Schule kommen", sagte Luboš verwundert. „Und warum?"
„Ich wollte den Aufsatz nicht mitschreiben", nuschelte Vašek, die Augen auf die Spitzen seiner Hausschuhe geheftet.
Als er dann Luboš in die Augen sah, staunte er: Zum erstenmal im Leben hatte er das Gefühl, daß es überhaupt nicht schwer ist, die Wahrheit zu gestehen! (Es ist schließlich auch ein gewaltiger Unterschied, ob man eine schreckliche und grausame Wahrheit der schwachen und wehrlosen Mutter oder dem starken Vater sagen muß.)
„Ich hab behauptet, ich hätte keinen Füller, und dabei hatte ich ihn mitsamt der Federtasche da", beendete Vašek seine Beichte.
„Weißt du was?" fragte Luboš munter, obwohl er nichts wußte – das heißt, er wußte, daß er gar nichts wußte, denn als Vater eines ungezogenen Schülers hatte er keinerlei Erfahrungen. Er erinnerte sich an seinen Vater, wie der solche Angelegenheiten handgreiflich hinter der Scheune mit ihm geklärt hatte, und zwar so, daß seine Mutter nie davon erfuhr.
„Also dann geh ich anstelle von Mama in die Schule", sagte er und rieb sich vergnügt die Hände.
Vašek sah ihn ungläubig an. Daß sich Luboš auf den Besuch in der Schule freuen würde, hatte er sich nicht einmal in seinem lustigsten Traum vorgestellt. Wahrscheinlich deshalb, dachte er, weil Luboš die Jedličková nicht kennt.
„Du mußt doch morgen in die Alpen!" erinnerte Vašek Luboš selbstlos an dessen Pflichten.
„Ich bleib bei dir."
„Du fährst. Ich erklär es Mama", rief Vašek energisch. „Für richtige Freundschaft haben die Weiber kein Verständnis!"
„Und was wird mit dir?" fragte Luboš und lächelte verschmitzt.
„Ich hab den Aufsatz schon geschrieben", sagte Vašek, setzte

sich auf den Stuhl, nahm das Heft vom Tisch, drehte sich zu Luboš um und begann zu lesen:

Mein Vater!

Was macht mein Vater? Mein Vater ist Chef beim Bergdienst. Was er sagt, das tut er. Er wartet um drei vor der Schule auf mich. Auf ihn ist Verlaß! Er hat mir einen Hund gekauft. Er hat Erfahrung, denn er ist Bergsteiger. Einen Achttausender hat er schon bestiegen. Er überwindet alle Hindernisse. Er ist ein guter Freund ...

Luboš gehörte nicht zu den Männern, die man je eine Träne hätte vergießen sehen. Doch was geschah nun? Luboš bedeckte sein Gesicht mit einem Kissen! Vašek zerrte an dem Kissen, wollte es Luboš aus der Hand reißen.
Sie kämpften eine geraume Weile miteinander, denn Luboš hatte nichts bei der Hand, womit er den salzigen Geschmack im Mund vertreiben konnte. Als er die kleinen schmutzigen Hände auf seinen spürte, wurde ihm dunkel vor Augen, und wie ein reißender Strom überflutete ihn das Bewußtsein: Dieser Junge, der sich mit mir herumkampelt, ist mein Sohn.
Und wie ein Wunder erleuchtete ihn ein rettender Gedanke: Er erinnerte sich an den Nachmittag im Elbtal, als sie einander in den Strahlen der untergehenden Sonne durchfroren im Schnee gegenübersaßen.
„Weißt du, wie man einem Känguruh den Backenzahn zieht?“ fragte Luboš.
Vašek riß die Augen auf, und dann fing er an zu kichern.
„Du baust einen Wasserkran. Stellst den Zeitzünder für eine Ladung Dynamit ein!“
„Das war kein Känguruh, sondern ein Walfisch!“ rief Vašek.
„Ist doch egal“, verteidigte sich Luboš und lächelte seinen Sohn zärtlich an.
„Gar nicht. Denn Dynamit braucht man für den Walfisch“,

protestierte Vašek. „Ein Känguruh würde doch zum Zahnarzt gehen!“

Und dann begannen beide zu zählen wie beim Countdown einer Rakete: „Drei! Zwei! Eins! Null!“

Mit einem Freudenschrei sprang Vašek Luboš um den Hals, und der Kuß war wirklich ein Prachtexemplar.

An diesem Abend spielten sich Dinge ab! Zum Glück wußte Anna nichts davon! Luboš und Vašek versprachen einander, ganz geheime Geheimnisse zu haben, die sie nie jemandem verraten würden. Und das schönste, daß sie alle drei zusammen in Urlaub fahren würden, plauderte Vašek gleich am nächsten Morgen Anna am Telefon aus, und sie mußte einen heiligen Eid schwören, Luboš nichts zu sagen.

Luboš ging auf dem Weg zum Bahnhof auf einen Sprung ins Krankenhaus, und weil er diesmal nicht am Pförtner vorbeikam, schrieb er die Neuigkeit Anna auf einen Zettel mit dem Nachsatz „Vašek nichts verraten!“, steckte ihn in einen Umschlag und schickte ihn mit einem Veilchenstrauß hinauf in ihr Zimmer.

Horst Beseler

Tule Hinrichs' Sofa

2. Auflage · 376 Seiten · Ganzleinen 9,70 M

Der Blick in den Spiegel befriedigt sie nicht. Die Hüften scheinen ihr zu eckig, der Bauch jungenhaft mager, die Brust viel zu flach. Plötzlich errötet Milli und weicht ihrem eigenen Blick aus. Sie hat an die Möglichkeit gedacht, daß Marcel sie auf dem alten Sofa ja auch anders berührt haben könnte, verlangender, mit leidenschaftlicher Liebe. Kein Zweifel, daß es die gibt. Die Bücher sind voll von Geschichten stürmischer Zweisamkeit. Auch der Fernseher zeigt, was so mächtig und wunderbar sein soll, daß man alles vergißt. Milli setzt sich. Sie muß noch ein bißchen Deutsch wiederholen. Aber immer wieder rückt hartnäckig Marcel auf die Heftseite ... Er wird ihre erste große Liebe. Milli ist selig und traurig zugleich. Beide sind sechzehn, wohnen auf dem Lande, die Lehrzeit kann sie trennen. Auch mit den Eltern, Lehrern und Freunden gibt es Probleme.

Verlag Neues Leben Berlin

Yasar Kemal

Die Disteln brennen

Roman

Aus dem Türkischen · 384 Seiten · Broschur 8,20 M

Ali Safa Bey giert nach der schweren, schwarzen, fruchtbaren Erde der Anavarza-Ebene. Durch Betrug, Brandstiftung und Mord hat er die fruchtbarsten Böden schon in seinen Besitz gebracht. Nur die Bauern des Dorfes Vayvay versuchen, sich zu wehren. Aber auch sie werden sich früher oder später seinem grausamen Terror beugen müssen. Da klopft eines Tages ein abgerissener, ausgehungerter Fremdling an die Tür des alten Osman: Memed, der legendäre Räuber und Rebell, der im Dorf Unterschlupf sucht. Schlagartig ändert sich in Vayvay die Lage. Die Bauern wissen, daß ihnen nunmehr eine mächtige Kraft zur Seite steht, die stärker ist als Gewehre. Schritt für Schritt leisten sie dem übermächtigen Bey Widerstand. In Memed verkörpert sich für sie der Mythos vom schwachen David, der den mächtigen Goliath in die Knie zwingt.

Verlag Neues Leben Berlin

Anthologie

Der Ritt auf dem schlafenden Riesen

Aus dem Tschechischen und Slowakischen von mehreren Übersetzern
Herausgegeben mit einem Nachwort von Karl-Heinz Jähn
288 Seiten · Broschiert 6,80 M

Jan möchte sich einen Traum erfüllen: Obwohl er weiß, daß viele seiner Freunde vom Makalu, dem fünfthöchsten Berg der Welt, nie zurückgekehrt sind und auch seine Frau Maria ihn vor diesem gefährlichen Abenteuer warnt, will er es mit dem Riesen aufnehmen; eine junge Frau läßt ihren ersten Liebhaber durch magische Kräfte verschwinden; Martin und Irena müssen die Klassenfahrt der 12c plötzlich allein, in trauter Zweisamkeit, verbringen.
Neunzehn Autoren erzählen von jungen Leuten aus Prag und Bratislava.
„Man liest es mitunter schmunzelnd, mitunter nachdenklich. Mit Spaß an frischer Federführung. Eigenes wiederfindend. Angenehm: Jeder der Autoren wird im Anhang durch biographische Notizen vorgestellt."

BZ am Abend, Berlin

Verlag Neues Leben Berlin